プロレスという生き方

平成のリングの主役たち

三田佐代子
Mita Sayoko

Chuko Shinsho
La Clef
554

中央公論新社

はじめに

それは1997年10月11日のことだった。

4万7000人の群衆が声もなく東京ドームを後にしている。この日、東京ドームでは「PRIDE」の名を冠した総合格闘技イベントが初めて行われていた。メインイベントはプロレスラーで最強と名高かった髙田延彦《たかだのぶひこ》で、対戦相手は「400戦無敗」のブラジル人柔術家、ヒクソン・グレイシー。髙田の勝利を信じて疑わなかった多くのプロレスファンは、ヒクソンの前に髙田が5分と満たず敗れた現実を受け止め切れずにいた。それはまるで4万人の葬列のようであった。

私はその前年に、プロレス番組のニュースキャスターになった。もともと地方テレビ局のアナウンサーだった私が、東京に戻って初めて得たレギュラーの仕事が1996年に立ち上がった24時間プロレス・格闘技専門チャンネル、サムライTVのニュースキャスターだったのである。ジャイアント馬場とアントニオ猪木が別の団体にいる、ということすら知らず、全くプロレスを見たこともなければ興味もなかったのに、「古舘伊知郎の事務所ならプロレスに詳しくて、ニュースも読めるフリーアナウンサーがいるだろう」ということで白羽の矢が立ったのだった。

まだインターネットも一般的ではなかった時代なので片っ端からプロレスと名の付いた雑誌や書籍を読みあさり、スタッフに連れられて今日はプロレス、明日は空手、明後日はデスマッチ、明々後日は女子プロレスとありとあらゆるプロレスや格闘技を詰め込んだ。とにかくプロレスについて何もわからなかった私は、試合を見て、感じて、考えるよりほかなかったので、東京ドームのビッグマッチから走る電車の中で行われる電車プロレスまで、足を運び観戦し、選手に話を聞いた。この20年間で取材をした大会は2000をくだらない。そうすることで少しずつプロレスを理解し、そしてプロレスラーという人たちの虜《とりこ》になった。

そうして何となくプロレスの面白さがわかりかけてきた頃に、この「PRIDE．1」での高田敗戦があったのである。私はその4万人の葬列の中のひとりだった。足取り重く駅に向かう群衆の中の私に突然、見知らぬ人が声をかける。

「三田さん！　高田負けちゃいましたね。悔しいですね。でも、僕たちまだプロレスを応援し続けますよね！」

その男性に声を掛けられて初めて、私はこの男性や周りの人たち同様に、高田の敗戦にいたくショックを受けていたことに気づいた。私もこの日傷ついた数多くのプロレスファンのひとりだった。私は彼の申し出に泣きそうになり、その見知らぬ人と手を取り合い、これからもプロレスを応援し続けることを誓ったのだった。この時こそ、私がプロレスキャスターという仕事を続けていく覚悟ができた瞬間だった。

あれから月日が流れ、２０１６年でプロレスに携わるようになって20年が経つ。たくさんの試合を見て、たくさんのプロレスラーに話を聞き、そしてたくさんのプロレスラーを見送った。そして私がプロレスと共に過ごしてきた１９９０年代後半から２０１０年代というのは、プロレス界が最も揺れ動いた時期でもある。総合格闘技の波に翻弄《ほんろう》され、老舗《しにせ》の団体の経営基盤が変わり、団体は細分化した。そして今また、「プロレスブーム」と呼ばれる時代が来ている。

巷《ちまた》にプロレスに関する書籍は数あれど、いま、いったいプロレス界がどれほど幅広くて、どれほど個性豊かであるか、とにかく「いま、ここにあるプロレス」について多くの人に知ってほしかった、というのが本書を書いた理由である。イケメンプロレスラーの素敵な写真が掲載された本、レジェンドプロレスラーに焦点を当てた本は誰かが書いている。でも、新日本プロレスや全日本プロレスといったメジャー団体から、ＤＤＴや大日本プロレスといったインディー団体、そして女子プロレスについても書くのは、私にしか出来ない仕事だと思った。ジャイアント馬場、アントニオ猪木といった大プロレスブームを牽引《けんいん》した往年の名レスラーたちの全盛期を私は知らないが、棚橋弘至《たなはしひろし》がデビューし、飯伏幸太《いぶしこうた》がたどり着き、大日本プロレスやDDTが旗揚げし、中邑真輔《なかむらしんすけ》が身を躍らせるこの時代を一緒に歩んで来られたことはこの上なく幸せで、誇らしい日々であった。

この本にはいまのプロレス界を面白くしている人たちが登場する。プロレスファンなら誰もが知る大エースもいれば、ちょっと変わったアプローチで女子プロレスを広めようとしている選手もいる。選手よりも声援を集めるレフェリーもいれば、この業界きっての知恵者のフロントもいる。みな誰もが人生のどこかでプロレスに出会い、プロレスという生き方を選んだ。彼ら彼女たちひとりひとりが、平成のプロレスのリングを彩る主役たちだ。どこから読んでもらっても構わない。接点がある選手もいればそうでない人もいるけれど、みなどこかで繫《つな》がっている。

私が20年やってもいまだに日々試合の取材に行くのが楽しくてたまらないのは、単純に試合を見るのが好きだというのもあるが、それ以上にプロレスラーやそこに携わる人たちに会いに行くのが楽しくて嬉《うれ》しいからである。何よりも彼らの魅力が、私を使命感に駆り立てている。

この本がきっかけで、プロレス会場に行ってみたいと思っていただけたらこんなに嬉しいことはない。そしてそんな皆さんに声をかけられたら、あの日の東京ドームのように「これからもプロレスを応援していきましょうね！」と手と手を取り合いたいと思っている。

三田佐代子

contents

第2部 女子プロレスラーという生き方

第3部 プロレスを支える人たち

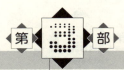

本文ＤＴＰ／小出正子
本文写真／特記以外は著者
オビ写真／平工幸雄／アフロ

プロレスという生き方

平成のリングの主役たち

第1部

メジャーの矜持・インディーの誇り

中邑真輔（WWE）

美しきアーティストが花開くまで

写真提供：平工幸雄／アフロ

SHINSUKE NAKAMURA

中邑真輔●1980年2月24日京都府生まれ。青山学院大学卒業後、2002年新日本プロレス入団。2003年、デビュー1年4ヶ月、23歳10ヶ月という最年少でIWGPヘビー級王座戴冠。その豊かな表現力で注目を集めたが2016年1月に新日本プロレス退団、2月に世界最大のプロレス団体WWEへの入団が正式に発表され、4月にNXTブランドで全世界デビューを果たした。

■艶やかさの裏側で

２０１６年が明けて早々、プロレス界にとって衝撃的なニュースが海の向こうからもたらされた。新日本プロレスの中邑真輔《なかむらしんすけ》が１月31日をもって新日本プロレスを退団し、世界最大のプロレス興行団体であるアメリカのＷＷＥに挑戦するという。それはまさに日本におけるプロレス界年間最大のビッグショー、新日本プロレス１・４東京ドーム大会の直後に飛び込んできたニュースだった。

その後、新日本は1月12日に中邑の契約解除と退団を正式に発表し、シリーズ終了後に中邑自身が記者会見を開いて本人の口から14年在籍した新日本プロレスを退団すること、そして新たな挑戦に向けて旅立つ決意が語られたのだった。

中邑真輔はプロレス界において唯一無二の存在だった。その身を全てさらけ出してこの10年のプロレスを引っ張り上げた最大の功労者である棚橋弘至《たなはしひろし》の終生のライバルでありながら、棚橋とも新日本プロレス本体とも少し距離をおいた独特のスタンスで、その存在感を示していた。そして中邑はさまざまな言葉で表される。「KING OF STRONG STYLE」「唯一無二のアーティスト」「選ばれし神の子」。長い手足をくねらせて入場し、その動きは静から動へと爆発し、その圧倒的な色気に私たちは酔いしれる。2002年にデビューし、幾度かのスタイルの変遷を経て中邑は今や、世界にただひとりの表現者となった。「100年に1人の逸材」棚橋弘至とも「レインメーカー」オカダ・カズチカとも違うその個性は、老若男女の違いはおろか海を越え、海外にも熱狂的なファンを持つ。

私が中邑から聞いた言葉で強く印象に残っているものがある。それは2011年11月に「プロレスの将来性、プロレスができること」というテーマで話を聞いていた時のことだ。映画や音楽、お笑いなど他のエンターテインメントと比較して、プロレスにしかないものってなんでしょうね、と問うた時に、中邑は即座にこう明言した。

「生身の人間が命をかけて戦っているということじゃないでしょうかね」

この言葉はそれ以来、私にとってプロレスを見る、感じる、考える時のひとつの指針となり、プロレスについて尋ねられた時にこの言葉をいつも思い出すようになった。

「今でもその考えはありますね。やっぱり命に関わってるんだっていうことはものすごく重要なものだと思いますね、プロレスにおいて」

中邑がそう答えてくれたのは、2015年9月に神戸で行われたタイトルマッチの翌日だった。その試合で中邑は後藤洋央紀《ごとうひろおき》とIWGPインターコンチネンタル王座をかけて戦った。後藤の熾烈《しれつ》極まる攻撃を全て受けきった上で勝利した中邑は満身創痍《まんしんそうい》で、ダメージと試合がもたらす昂揚感のゆえに試合後は一切眠ることができず、そのまま朝の4時から海に出てサーフィンをしたという。

「エンターテイメントとしてプロレスというカテゴリーの中では戦うことだけではなくて、時にはお笑い的な要素が入ったり、パフォーマンスに特化したものもありますけれど、でも本当にベースとしては戦いを見せるっていう部分がないと単なるコメディとコントになってしまう。こんなこと言ったらダメなのかもしれないけれど、でも本当に命に関わっているんだからっていうところはしっかりプレイヤーが意識しないといけないと思っています」

中邑にはいつも刹那《せつな》の気配が漂う。中邑真輔は当代随一のセクシーなレスラーだが、その艶っぽさの裏には彼が常に意識しているという命が、「死」の覚悟がうっすらと見える。

■「選ばれし神の子」という役割

中邑真輔は京都府の郊外で1980年に生まれた。小さい頃から絵を描くのが好きだった、という中邑は姉２人の後に生まれた末っ子ということもあり、子供の頃はずいぶんと泣き虫だったという。ジャッキー・チェンが好きで、強さに憧れてプロレスに夢中になった。高校時代からレスリングを学び、上京し青山学院大学ではレスリング部の主将と、並行して美術部にも所属した。そして大学４年の時に新日本プロレスのテストに合格し、卒業後に新弟子として入門。棚橋弘至からは３年後輩にあたる。

そして入門からわずか４ヶ月、２００２年８月に中邑真輔は日本武道館で安田忠夫《やすだただお》を相手にプロレスラーとしてデビューした。同期の誰よりも早く、しかも会場は武道館という破格の扱いだった。当時は新日本プロレスが格闘技ブームの大波に揺れていた時期で、オーナーのアントニオ猪木がＰＲＩＤＥやＫ－１といった格闘技に関わったことから選手も格闘技戦にたびたび駆り出された。大晦日には地上波のテレビ局が競って格闘技の試合を生中継し、前年の２００１年には新日本プロレスの永田裕志《ながたゆうじ》がその名も「INOKI BOM-BA-YE」とアントニオ猪木の名を冠したイベントでミルコ・クロコップと戦って敗れていた。そんな時代である。

中邑は学生時代から和術慧舟會《わじゅつけいしゅうかい》という総合格闘技の道場に通っていて格闘技の心得があった。同期の中で体力的には決してトップではなかった、という中邑だが、その彼の経歴は時代に求められ、本人の意図とは別の次元で会社は彼を「選ばれし神の子」として売り出した。破格のデビュー戦後も、新日本プロレスの若手が経験するいわゆる「ヤングライオン」としての生活、つまり寮に住み、道場で練習に明け暮れ、炊事・掃除・洗濯をこなし、先輩の付き人として巡業に出るといった生活を彼は許されず、そのまま当時新日本プロレスがロサンゼルスに所有していたLA道場に送り込まれたのだ。

LA道場で時にはアントニオ猪木とスパーリングをしながら、地元にある格闘技のジムに出稽古に行っては中邑は自身を鍛えていた。日本と隔離された環境で、ただひたすら強くなることしか中邑に残された選択肢はなく、その年の年末に中邑は呼び戻されて大晦日には格闘技の試合に出場する。かと思えば新年早々の1・4東京ドーム大会では、プロレスラーとして試合に出場し初勝利を挙げている。格闘技戦と新日本プロレスでの試合、日本とアメリカ、その双方を行ったり来たりしながら中邑は時代の寵児《ちょうじ》となり、2003年12月にはデビューわずか1年4ヶ月で新日本プロレスの最高峰のベルト、IWGPヘビー級王座を奪取した。デビュー1年4ヶ月、さらに23歳10ヶ月の若さでの戴冠という記録は共に今もって破られていない。

確かに中邑は時代の寵児ではあったが、同時に時代に翻弄されていた。1990年代後半からの総合格闘技ブームによってプロレスファンが格闘技に奪われたことは事実だが、それによって新日本プロレス自らが格闘技に近づいていったことでさらに状況は悪化した。武藤《むとう》敬司《けいじ》ら格闘技路線に背を向けたレスラーは新日本を退団し、たいした準備をする時間も与えられぬまま格闘技戦に乗り込んだ新日本の選手も多くは結果を残せずに悔しい思いをした。

そんな中で中邑はひとり、気を吐き続けたが、それほどまでに命を賭けて総合のリングに挑み、そのダメージも癒《い》えぬまま顔を腫らしながらプロレスのリングに戻ってくる中邑に、ファンはあまり応えられずにいた。

その頃中邑と立ち話をする機会があり、彼が「わかってるんですよ、僕もプロレスファンだったから。プロレスファンはこういうぽっと出の、会社に推されてる選手って応援しないですからね。やっぱりたたき上げのヤングライオンからやった選手じゃないとダメなんですよね」と淡々と語っていたことをよく覚えている。彼は自分が会社に熱烈に推されていることをよく理解していたし、それに応えようと必死で努力していたし、そしてその努力の結果があまりファンに好まれないこともわかっていた。

ただ今になって当時のことを「可哀相《かわいそう》だった」と評されることも中邑は好まない。あの頃は大変そうだったよね、今はプロレスが楽しいでしょう？　と言われるたびに、「あの頃も楽しかったですよ」と中邑は言い返す。デビュー間もない選手が新日本プロレスを背負わされて、と言えば、「背負わされた、という部分もあるだろうし、自分から背負い込んだという部分もあります」と彼は言い切る。

「だって自分には何もなかったので。捨てるものすら。失うものもないっていう状況で、そういう役割というものはチャンスでしかなかったですね。そこに死にもの狂いでしがみついていって、結果というものを僕は出していったと思っているので。だからこその今があるっていうのはあります」

■アントニオ猪木との決別

新日本プロレスが１９９０年代後半からの低迷期を脱するには、アントニオ猪木との決別が必要だった。言うまでもなくアントニオ猪木は新日本プロレスの創立者であったが、１９９８年の引退後も会長として、そして新日本の過半数の株を保有するオーナーとして影響力を持ち続けていた。良くも悪くも猪木のひと言によって新日本プロレスは振り回され、社長が交代したり、ビッグマッチのカードが突然変更されたりした。

中邑自身も2004年の11月、本来ならば当時ライバルとして売り出し中だった棚橋弘至との初のシングルマッチが行われるはずだった大阪大会のカードが猪木の意向によって変更させられ、それに明らかに異を唱えたことでリング上で猪木に鉄拳制裁を受けるという屈辱も味わっている。そして猪木の提唱した「ストロングスタイル」という言葉は、新日本プロレスのレスラーたちを見えない鎖で縛り続けた。

2005年、ゲーム会社「ユークス」がアントニオ猪木が保有する新日本プロレスの全株式51・5パーセントを取得し、新日本プロレスを子会社化した。以降、新日本プロレスはゆっくりではあるが猪木の影響力から脱し、経営を健全化し、ファンの失った信頼を取り戻すことになる。棚橋弘至が涙をこぼしながらファンに感謝の言葉を述べ、IWGPヘビー級王座を札幌で戴冠するのはこの翌年のことである。

ところが中邑真輔は突然、リング上でアントニオ猪木の名を叫んだ。2009年9月、IWGPヘビー級王座3度目の戴冠の時のことである。

「このIWGPに昔のような輝きがあるか？　俺はないと思う。猪木！　旧IWGPは俺が取り返す！　時代が変わればプロレスも変わる。それでも俺はやります！　ついて来る奴はついて来てください」

これを解説席で聞いていた棚橋は「中邑はストロングスタイルの呪《のろ》いにかかっている」と言い切った。棚橋弘至と中邑真輔は2005年1月4日の東京ドーム大会での初対戦以降、幾度となく名勝負を繰り返して新日本プロレスの信用を取り戻すのに大きな役割を担った。同時代にふたつの、全く違うバックボーンと個性を持ち、タレント性も高いレスラーが存在したことが、新日本が息を吹き返すには何よりも必要だった。

もとより猪木よりも藤波辰爾《ふじなみたつみ》ファンで、タイツも「ストロングスタイルの象徴」と言われる黒のショートタイツとはかけ離れた華やかなロングタイツを穿《は》き、長い茶髪を振り乱しファンにアピールをする棚橋弘至はイメージ的には猪木のストロングスタイルとは一番遠いところにいると見られていた。新日本プロレスの道場に設立以来、ずっと飾られていたアントニオ猪木の巨大写真パネルを2008年に外させたのも、棚橋だった。

一方、デビュー以来「ストロングスタイルの申し子」と呼ばれ、「選ばれし神の子」との異名で猪木の直弟子であることを強烈に印象付けられた中邑は、新日本プロレスにおいてアントニオ猪木と濃密な時間を過ごした最後のプロレスラーだった。

猪木の命により抜擢され、あるいは猪木の命によって振り回され、猪木の影を感じさせることによって若手時代に新日本プロレスを背負い、死にものぐるいで生き抜いた中邑にとって、健全化した新日本プロレスは確かに歓迎すべきものではあったがどこか物足りなくもあった。必死にアントニオ猪木のイメージを払拭しようとしていた当時の新日本プロレスの中で猪木の名を出すことはもはやタブーであったが、中邑は「どうせならば一発かましてからおさらばしようぜ」という気概でその名を叫んだのだった。

■「ストロングスタイルの呪い」から脱して

当然、反発もあった。そして当惑もあった。当時アントニオ猪木は新日本を離れＩＧＦ（イノキ・ゲノム・フェデレーション）というプロモーションを興していたが、両団体の関係は当然のことながら良くはなかったのでなおのこと混乱が予想された。周りのレスラーや関係者はすわ対抗戦か？といきり立ち、私たちマスコミもいったいここからまた何が始まるのか、と身構えた。場合によってはまた時代が逆行するのかもしれないという恐怖感すら私自身の中にはあったのだ。しかし当のアントニオ猪木から帰ってきた答えは、予想外にあっさりとしたものであった。

「俺はもう引退している。出て行くわけねえだろ」

この猪木のひと言で、結果的にこの問題は終決した。身構えた私たちはハシゴを外されたような気持ちになったが、しかし中邑自身は、その答えが引き出せただけで充分だった。おそらくそうなるだろうな、という予感はあったというが、この返答を猪木自身が出したことでようやく、棚橋言うところの「ストロングスタイルの呪い」が解けたのだった。中邑真輔も、新日本プロレスも、そして恐らくアントニオ猪木自身も。

「ストロングスタイルの呪い」を完全に解いた新日本プロレスは、2010年を過ぎて新たな黄金期を迎えた。会場はどこも超満員で、熱狂的な観客がレスラーの入場のたびに花道に押し寄せる。新日本プロレスが低迷した時代を知らない新しいファンも増え、総合格闘技ブームの荒波もストロングスタイルの呪いも知らない若いファンたちは、何はばかることなく今のまばゆいリング上を熱い視線で見つめている。

■「美しさ」へのこだわり

そして中邑真輔は「自由」を手に入れた。2011年に単独でメキシコ遠征に行き、そこから見た目も入場の仕方もファイトスタイルも意識的に変えていった。それを彼はよく「落とし込む」という言葉で表現する。

「自分がしたいこととするべきことのバランスを取りながら、やっぱりしなきゃいけないことの中にも遊びを見つけてですね、隙間というか、そこに自分を落とし込む。今の中邑真輔に気づいたのはある種その会社のためにとか、プロレスを建て直さなきゃとか、そういうものからひとつ、肩の荷が下りたからなのかなとは思いますね」

棚橋に「クネクネ」と言われるそのなめらかな動き、花道を歩きながら指を回す動き、名前をコールされて背を思いっきり反らせる動きなどは美しく誰にも真似できない中邑だけのオリジナルであるが、ただ珍しいことや人とは違うことをやろうとしてそうなったわけではない。

「誰もやっていないことをやろうとした、プラス、やることに意味がなかったらそれは自分の好みではないから。今まで自分が学んできた格闘技だとか、体術だとか。そういうものをものすごく落とし込んできましたね。後は自分の好みとしてどういう格闘のスタイルが好きなのかっていう部分とかですね」

そしてそこには必ず、美しさがある。

「手を適当に動かしているっていうのはありますけれど、適当っていってもどこかで美しかったらいいかなっていうのは思いますね（笑）。そういう方が好みなんですよ。指を動かすにしたって小指を支点に動かせばなんとなく綺麗に見えるとか」

新設されたＩＷＧＰインターコンチネンタル王座に命を吹き込み、グレイシー柔術の選手や巨漢外国人レスラー、メキシコのルチャドール、かつて総合格闘技のリングで「プロレスラーは本当は強いんです」と叫び日本人ファンの溜飲を下げた桜庭和志《さくらばかずし》、もしくはトリックスター飯伏幸太《いぶしこうた》といった多様なレスラーたちと名勝負を繰り広げる。かつては「試合内容についてはぼろくそ言われていた」という中邑だが、今や誰と、どんなシチュエーションで試合をしても確実に期待以上のものを魅せてくれる名勝負製造機でもある。

かと思えば、ビッグマッチの入場では、王冠をかぶり何メートルもある深紅のベールを引きずって歩いて東京ドーム中を唖然とさせたり、スパンコールに彩られたニンジャ風のトラックスーツを着込んで大阪城ホールのファンを楽しませる。「コスチュームに関しては自分自身がテンションが上がるとか、試合自体に色づけができるだとか、自分が楽しみたいっていうのもあるんですよ」と中邑は笑う。そして、そういった特別なコスチュームに関しては１回限りで、二度と披露されることはないのだ。

■表現者は変わり続ける

棚橋弘至は自分を、そしてプロレスをもっと知ってもらいたい一心でメディアに出続ける。テレビに出たり、ブログを更新したり、寸暇を惜しんで露出を続けている。「棚橋さんと僕とはプロレスの背負い方が違う」という中邑は、ではどういった時に自分の影響力について感じるのだろうか。

「何が自分として素直に嬉しいなって思ったりするかといえば、創作意欲をかき立てられるっていうふうに言われたりすると、何か誇らしいという気持ちになりますね。世界中の方が、例えばＲＯＨ（新日本プロレスと友好関係にあるアメリカのプロレス団体）に行ったらナカムラのポスター描いてきたぞとか、缶バッジを作ったとか、Ｔシャツを作ったよとか言われると、自分としてはありがたい。何かを作るっていうのは結構なパワーですからね。何かの表現に続いていく、そういう動機になったというのはおおっと思います」

恐らくそれは、彼自身が絵を描き、コスチュームを自分でデザインするクリエーターだからなのだろう。中邑は「表現」という言葉を好んで使う。彼は誰かの表現の源になれたことが、自分が有名になるとか、道で話しかけられるとか、そういったことよりも嬉しいという。中邑真輔らしい、充足感の感じ方だった。今はSNSがあるからそういった表現が自分の元にも届きやすくなった、という中邑が「さすがにこれはビビりました」といって見せてくれた写真は、アメリカの男性ファンが自分のふくらはぎいっぱいに中邑の似顔絵を刺青で彫った画像だった。相当なインパクトだった。

棚橋弘至が入門からぶれずに自分のスタイルを貫いてきた人だとすれば、中邑真輔は変わり続けてきた人だった。自分の意図するしないを超越した存在に引き立てられ、プロレスと格闘技を股にかけて結果を出しつつも、ファンにはその思いがなかなか伝わらなかった若手時代。棚橋弘至とタッグを組んで会社に売り出されたり、蝶野正洋《ちょうのまさひろ》の軍団に加入したりしたこともあれば、矢野通《やのとおる》と共にCHAOS（ケイオス）というヒールユニットを作った当初は会社に抗議の電話が相次いだという。

もがき、悩み、それぞれの時に結果を出しつつも、自分にしっくりと来る、自分が美しいと思う形を中邑は探し続けた。そして全てを解き放ち「自由」を手に入れた時に、いまの最も美しい、中邑真輔が人として、レスラーとして歩んできた道のりを全て「落とし込める」スタイルを手に入れたのだ。ジャッキー・チェンも、絵画も、総合格闘技もアントニオ猪木も全て、彼は自分の美しいと思う形に落とし込んで、いまの中邑真輔はそこに存在している。

■「人前で泣くのは好きじゃないんですよ」

中邑の退団が発表されて思い返すのは、その前年の秋に話を聞いた時のことである。既にリング上での自由を手に入れ、海外でも認められた。この先にまだ叶《かな》えたい夢はあるのか、との問いに中邑は「世界中を旅してみたい。そこに何かしらの影響力やｐｒｏｖｅ、つまり自分の証明というのも目的としてある」と答えた。私が全く何の気なしに「それは例えばＷＷＥで有名になりたいっていうのとは違うんですか？」と尋ねたところ、中邑は笑ってこう答えたのだ。

「はっはっは。わからないですね」

それ以上何も聞けなかったのは、私の勘の鈍さなのか、それとも勇気がなかったからなのか。インタビュー後にそこに貼ってあった新日本プロレスのポスターを見ながら雑談をしていて、「このポスターに俺がいないとどうなりますかね？」と中邑に問われ、「セクシーが足りなくなりますね」と答えたことをもかすかな痛みと共に思い出す。その時既に中邑は退団の意志を固め、自分がいなくなった後の新日本の風景について考えていたのだろうか。

２０１６年1月30日、中邑真輔は所属最後となる新日本のリングに立っていた。退団発表からわずか2週間、チケットにはプレミアが付き、当日券を求めるファンが夜もまだ明けぬうちから後楽園ホールに３００人以上も列を成した。この日のカードはオカダ・カズチカや棚橋弘至、柴田勝頼《しばたかつより》といった中邑に縁の深い選手たちが顔を揃えた6人タッグだった。

後楽園が中邑真輔のコスチュームカラーである赤と黒の応援ボードで埋め尽くされた中で入場してきた中邑は、いつも通りにその長い手足を躍らせ、滾《たぎ》り、ずっとこのセルリアンブルーのマットの上で戦ってきた仲間たちと拳を交わし、身体を打ちつけ戦っていた。中邑だけでなくそのタッグパートナー、対戦相手、全ての一挙手一投足に意味があった。

そしていつも通りではなかったのは、試合後だった。中邑真輔が、可愛がっていた後輩であるＹＯＳＨＩ－ＨＡＳＨＩ、そしてオカダ・カズチカが担ぐ騎馬の上に乗って、泣いていた。別れを惜しむ満場のファンたちの中邑コールと万雷の拍手の中で、中邑は人目をはばかることなく涙を流していた。

「僕は人前で泣くのは好きじゃないんですよ。試合後にリング上で泣いたこともまずないと思いますよ。涙で感情移入を誘いたくないなっていうのがあるんですよね」

かつてそう話していた中邑も、さすがに感情が堪《こら》えきれなかったのだろう。稀代の身体表現力を持つプロレスラー中邑真輔は、最高に美しく官能的な試合を私たちに見せつけて、ひとまず日本から旅立っていった。

■何者でもなかった

中邑真輔が悩み、プロレスラーとして花開くまでの道のりは、ちょうどいまここにあるプロレスが、悩み苦しんだ後に、もう一度黄金期と呼ばれる時代を迎える道のりに重なっている。中邑が時代に翻弄されたように、プロレスも時代に翻弄され、中邑が時代を利用したように、プロレスも時代を利用した。そしていくつかの決別と決断を経て、誰もが楽しめる、何の躊躇《ちゅうちょ》もなくそれに打ち込め、そしてそれを楽しむことのできる日がやってきた。

この仕事をしていて「あなたにとって○○とは何ですか」という質問はなるべくしたくないと思ってこれまでやってきたが、中邑が若い選手に「何のためにプロレスやってるの、プロレスで何がしたいの、ってよく聞くんです」と言うので、「中邑さんだったらどう答えますか？」と尋ねてみたことがある。

「プロレスは僕の存在証明だとか、自己表現だっていうふうに答えますね。自分が何者であるか、プラス、何者になれるかっていうものの挑戦であり、自分の人生を表現するものだって思いますね。何者でもないんですもの、最初は」

何者でもない誰かが、何者かになれる、それがプロレスのリングである。何者でもなかった「田舎のがきんちょ」だった中邑真輔は、プロレスから感情を学び、強さを学び、言葉を学び、表現を学んだ。そしてそこは四方八方からファンの目にさらされていて、喜びも、怒りも、悲しみも、楽しさもあった。海外に行って生活をする、試合をする、戦うことで生計を立てる、ある種有名になる、そして親孝行をする。僕のありとあらゆる夢を叶えてくれるのがプロレスだった、と中邑は断言する。

「そしてレスラーになってからも、進行形でどんどん夢ができていくっていうのも非常に素晴らしいなって思いますね」

２０１６年４月１日、中邑真輔は「シンスケ・ナカムラ」としてＷＷＥでデビューした。ＷＷＥのリングにはスーパースターを夢見るプロレスラーが世界各地から集まってくるが、これまではどんな実績がある選手に対してもＷＷＥは新しいキャラクターとリングネームを用意することが多かった。しかし中邑は、入場曲以外は全て、その名前も真っ赤なロングタイツも、両手をしなやかに廻しながら歩く入場シーンも、リングインして背中を思いきり反らして「イヤァオ！」と叫ぶお決まりのポーズも、私たちがよく知るあの艶やかな中邑真輔のままの姿で全世界に向けてお披露目されたのだ。実況アナウンサーはシンスケ・ナカムラが比類なきカリスマの持ち主であること、キングオブストロングスタイルと呼ばれていることなどを興奮気味に伝え、観客は大ナカムラコールでこの新しいＷＷＥスターを迎えた。

そのＷＷＥの中でも新鮮な、将来性のある選手が揃うＮＸＴというブランドで、ナカムラはのびのびとその体軀を躍らせた。そしてこれまでもずっと使い続けてきた走り込んでのヒザ蹴り（技名はボマイェからキンシャサに改められた）で鮮烈な勝利を収めると、やり遂げた感慨に満ちた表情で満場のファンと、インターネットを通じて全世界でリアルタイムでこの試合を注視していたファンに深く一礼したのだった。

中邑真輔はシンスケ・ナカムラとして、このＷＷＥのリングで新たな進行形の夢をかなえようとしている。これまでも格闘技とプロレス、歴史と現在、アートと格闘技、さまざまなボーダーをその身を躍らせ滾《たぎ》らせて乗り越えてきた中邑真輔のことだ。これから先、どんな世界にいても、彼の考える美しい形を「落とし込む」ことができると信じている。

身体ひとつで駆け上がった星

飯伏幸太

（飯伏プロレス研究所）

KOTA IBUSHI

飯伏幸太●1982年5月21日鹿児島県生まれ。2004年DDTプロレスリング入団。2009年 DDT 両国大会で KO-D 無差別級王座奪取、2011年新日本プロレスの IWGPJr. ヘビー級王座戴冠。2013年史上初の DDT、新日本プロレス2団体所属となるも2016年2月末両団体からの退団を発表、「飯伏プロレス研究所」設立。

■華麗さとあやうさと

中邑真輔が新日本プロレスを退団する前にどうしても尋ねておきたいことがあった。それは日本に残る後輩や同僚の選手たちのことである。「選手に関しては何の心配もしていないです。僕がいなくなって少しは寂しがってほしい気持ちもありますけれど、僕がいなくなったことをチャンスと捉えてくれてもいいし、その穴を埋めるぜと思ってくれてもいいし」と仲間たちには全幅の信頼を置いているようだったが、それでも何か私が言いたげなのに気づいたのか、中邑は笑いながらこう言った。

「大丈夫です、三田さんが心配している人については今度『東スポ』に載りますから。それを見て下さい」

そして数日後の『東京スポーツ』に、頸椎ヘルニアで長期欠場中のある選手が、渡米直前の中邑の元を訪れたという記事が掲載された。その選手こそが、飯伏幸太《いぶしこうた》である。中邑と飯伏はプロレスラーとして育った環境は全く違えど、お互いを特別な存在として認識していた。2度にわたり当人同士にもファンの心にも深く刻まれる激闘を繰り広げた2人だが、互いに感じる親近感を中邑は「僕には年上の女のきょうだいしかいないんですけれど、男の兄弟がいたら兄弟げんかに近いのかな」と語り、飯伏は「プロレスをやる前に、プロレスをどう見てきたかっていうのが中邑さんと自分は似てるんじゃないか」と表現していたのである。

ＤＤＴプロレスリングというインディペンデントの団体でデビューし、その身体ひとつでプロレス界を駆け上がり、業界最大手の新日本プロレスとの「ダブル所属選手」という前例のない出世を遂げた飯伏幸太。メジャーとインディー、ジュニアヘビー級とヘビー級、リングと路上、さまざまなボーダーをその美しいフォームで飛び越えていく「ゴールデン☆スター」。彼のその華麗さと、背中合わせのあやうさは老若男女を惹きつける。

私自身、彼にこれまでどれほど驚かされたり喜ばされたり泣かされたりしてきただろう。どれほどこれまで彼の試合を見て感情が揺り動かされ、夢中で原稿を書き、飯伏幸太という文字をタイプしたかその数は知れない。

飯伏幸太に関する感情を表すにとてもいい言葉がある。かつて彼の所属するＤＤＴプロレスリングを一緒に取材していた専門誌の女性記者の言葉だ。

「なんだか飯伏選手のことになると、みんなお母さんになっちゃうんですよね。私も三田さんもそうだし、団体の先輩もファンもみんな、お母さんみたいな気持ちで彼のことを心配したり応援したりしてるんだと思うんですよ」

ちゃんと試合に間に合うだろうか。怪我しないだろうか。寝られているだろうか。ご飯食べているだろうか。また人を困らせていないだろうか。巡業になじめているだろうか……。華麗なリング上と、マイペースすぎる日常。ファンに母親のように心配されながら愛される飯伏幸太とは、果たしてどんなふうに私たちの前に現れたのだろうか。

■「受け身」の魅力

1982年、鹿児島は錦江湾《きんこうわん》に面した姶良町《あいらちょう》(現在の姶良市)で生まれた飯伏幸太。小学生の頃に兄の影響でプロレスを見始めて、「ドラゴンボールを本物の人間がやってる!」とすぐその虜になった。あっという間にのめりこんで日々トレーニングに励み、毎日見よう見まねで自分の部屋で受け身をとり続けたら部屋の床が抜けたという。流木を集めては砂浜に立て、自転車のチューブを120本集めてロープにし、何ヶ月もかけて自前のリングを作った。小学生の手で、である。

学校の休み時間に友達を相手にプロレスごっこをする。それだけならばよくある話だが、飯伏の場合は度を越えていた。朝礼台の上からフェニックススプラッシュという、本物のプロレスラーでも難易度の高い回転技で飛んで右側の肋骨を全部折ったり、有刺鉄線を母親に頼み込んで買ってきてもらってデスマッチの真似事をやってみたりもした。

友達や兄を捕まえては技をかけ、プロレスごっこに夢中になる中で飯伏少年はあることに気づいていた。

「自分が技をやるより、くらう方が盛り上がるんですよ。あれなんか違うなと」

プロレスは相手があってはじめて成り立つ競技だ。相手が全力でぶつかってくる技を逃げずに受け止め、怪我をしないように受け身を取る。相手の良さを存分に引き出した上で、凌駕《りょうが》する。ただ自分のやりたいことだけをやって早く試合を終わらせればそれはいいレスラーなのか、いい試合なのかといったら全然違う。それがプロレスの面白さであり奥深さだ。

「プロレスこそが最強」だと思いプロレスにはまった飯伏少年は、最初はテレビや雑誌で見た有名プロレスラーの技を自分でやってみたかった。もちろん、最初は技をくらうのは嫌だったけれど、くらわないとプロレスラーになれないと思い、友達のプロレスごっこの技をくらってみた。すると、その受けっぷりの良さに見ている友達が大いに盛り上がっているのを実感する。なるほど、プロレスは技をかけている側だけじゃなくて、その受け身のすごさでも人を驚かせることができるんだな。プロレスごっこ3ヶ月で早くも、彼はそこに気づき始めていた。

後にまた触れるが、飯伏幸太の魅力は一般的にはその華やかな空中殺法と、キックボクシングで学んだ打撃技にあると言われている。しかしそれに匹敵する、というかそれ以上に魅力的なのは、実はそのやられっぷりだと私は思っている。何もそこまで、というくらいに壮絶に受け身を取り、ヘビー級のレスラーの中に入ると決して分厚くはない身体はひらひらと回転して崩れ落ちる。だが、その刹那《せつな》がいい。飯伏幸太でプロレスにはまった、という女性のひとりは、「飯伏がやられてる場面ばっかり集めた〝飯伏やられフォルダ〟っていうのが私の携帯にはあるんですよ」と目を輝かせて見せてくれ、大いに共感したことがあったが、飯伏の原点はどうやら鹿児島の小学校の校庭にあるようだった。

■プロレスラーへの遠い道のり

小学校卒業時に地元のプロレス団体に入門しようとして断られ、次に中学を卒業した時に上京してプロレスラーになると言ったら母親に泣かれて諦めた。高校に進学して格闘技の部活に入ろうと思ったら相応《ふさわ》しい部がなく、「一番プロレスラーみたいな身体だったので」ラグビー部に入部し、ルールもわからないままひたすら向かってくる相手チームの選手を投げ続けた。すべての道はプロレスラーになるために繋がっているはずだった。

けれど高校を卒業し、ようやく上京して働きながらプロレスラーになる道を探るも、履歴書を送ろうとすれば住所が間違っていたり入門期限が過ぎていたりでその思いは団体に届かない。アマチュアプロレスに道場破りに行こうとするも、なんだか違うような気がして途中でやめてしまう。あんなに憧れたプロレスラーだったのに、プロレスへの道は、東京に出ても遠かった。

プロレスを諦めかけていた飯伏青年がその頃習いだしたのが、キックボクシングである。1990年代後半からアンディ・フグやピーター・アーツなどのスターを輩出し、テレビのゴールデンタイムでも放送されて大人気だったK－1にあやかって、ということではなかったらしい。

「僕の中ではあくまでも最強はプロレスなので、キックボクシングは敵なんです。敵のことを学ぼうと思ってキックボクシングはやりました」

やるならば真剣にやろうと2年近くはプロレスも見ずにキックボクシングをやり続け、最終的に3位以内に入れなかったら仕事もキックも全部辞めて鹿児島に帰ろうと意を決して望んだトーナメントで優勝。翌日ジムの会長に「プロレスラーになるので辞めます」と宣言し、唖然とさせる。半年近くさんざん引き留められた挙げ句にようやくキックボクシングのジムを辞め、その頃ジムの近くでビアガーデンプロレスを開催していたＤＤＴプロレスリングを観戦。

「明らかにぬるいなと。これは勝てるなと」

そう思って、飯伏幸太はＤＤＴプロレスリングに入門し、遂にプロレスラーになった。２００４年のことである。鹿児島の砂浜で友達とプロレスごっこに明け暮れた日から遠く離れ、たくさんの大人を困らせたり唖然とさせたりした飯伏少年はその時すでに、22歳になっていた。プロレスラーとしては決して早いデビューではない。

■抜きん出た「個」

最初っから飯伏はズバ抜けていましたよ、と彼が入門した頃に練習を見た柿本大地《かきもとだいち》が笑いながら教えてくれた。

「最初にドロップキックの練習をする時に、遠慮しないで俺の胸に思いっきり打ち込んでこい、って飯伏に言ったら、次の瞬間、全然当たらないんですよ。ダメだなこいつ全く届かないのかよ、と思ったら俺の後ろに立ってました。つまり俺の頭上を飛び越えていたんですね。そんなヤツ初めてでした」

そんな飯伏幸太だったけれど、本当は心の中で、「デビューしたら辞めて帰ろう」と思っていたらしい。子供の頃からただひたすらに憧れ続けたプロレスラー。少し時間がかかったけれど、プロレスラーになれただけで嬉しかった。その時の彼にとって、ゴールがプロレスラーになることだった。だからデビュー戦からやれることは全部やった。全部出し切った。これでゴールの、はずだった。

「でも楽しかったんです。プロレスごっことは違う楽しさでした。自分の動きでお客さんが盛り上がってるのがわかる。楽しかったし、もう少しこの先に可能性があるんじゃないかと思って、続けることにしました」

そして彼は、本当にプロレスラーになった。それはゴールではなく、スタートだった。

プロレスは団体競技である。道場で一緒に練習をし、寮があれば若手はそこで共同生活をしながらプロレスラーの第一歩を踏み出す。新人は自分の試合以外にもリング設営や会場、売店の準備、先輩のお世話に追われる。そして興行では基本的に、キャリアの浅い選手から第1試合に出場し、メインイベントに出るのは団体のエース格だ。

けれど飯伏幸太はそれが性に合わなかった。まず細々とした雑用が苦手で、それは少し先に入った同僚が、先輩に怒られる前に要領よくこなしてくれた。そして合同練習と言われる団体の先輩後輩そろって行う練習にも、すぐに行かなくなってしまう。

「みんなで同じ練習をしたら、みんな同じ動きになるじゃないですか。それが嫌だから行かなくなりました。高木《たかぎ》さん（高木三四郎《さんしろう》。DDT代表兼レスラー）には、お前はそれでいいやと言われたので」

飯伏幸太の人と違う才能だったり個性だったりを、団体の長である高木三四郎は「面白い」と思える人だった。けれどそんなおおらかな先輩ばかりではなかったので、今思えばかなりの風当たりもあったらしい。しかしそんなことを意に介する飯伏ではなかった。知り合いがやっていた社会人プロレス「俺たちプロレス軍団」、通称OPG道場で自分のやりたいことだけを磨き続けた。

■路上プロレスとは何か?

飯伏幸太を語る上で欠かせないのが、「路上プロレス」という言葉である。かつて戦後の復興期にプロレスは「リングを輸送するトラック1台通れれば日本中どこへでも行く」と言われたが、路上プロレスにはリングすら要らない。飯伏がプロレスをしたいと思えばそこが会場になる。

飯伏がデビュー4年目の2008年は、日本で初めて路上プロレスが行われた年になった。そもそもその年の初めにアメリカ遠征をした時に、大学の食堂に乗り込んでいって突然プロレスの試合をして異国の地で大喝采を浴び、その

アスレチックでもプロレス

魅力にとりつかれた飯伏。帰国して、ＤＤＴ代表の高木三四郎が初の著書を出したプロモーションとして、本屋の店先で「本屋プロレス」という路上プロレスが行われた。

西武新宿線中井駅にほど近い、町なかの本屋さん「伊野尾書店」。そこで閉店後にコスチュームにエプロンをかけた高木三四郎と飯伏幸太が、プロレスの試合をした。狭い店内で始まった試合は、レジ台からダイビングフットスタンプ、宣伝用の看板にぶつける、などを経て外へ。安定感のない絵本塔によじ登ってムーンサルト、アスファルトに相手を叩きつけるジャーマンスープレックスホールド。飯伏幸太は生き生きと躍動していた。リングで行うのと同じ、美しいフォームで。

キャンプ場でもプロレス

この本屋プロレスが話題となり、さまざまな業態がＤＤＴに会場を提供し始めるようになる。キャンプ場やショッピングモール、遊園地、工場。エスカレーターの手すりを駆け上がる飯伏、遊園地のスワンボートから池に向かってダイブする飯伏、工場でクレーンによじ登る飯伏にショベルカーで社長を生き埋めにする飯伏。たくさんの路上プロレスで飯伏幸太を見てきたが、そのどこでも彼は全てから解き放たれたように自由で、目を輝かせて桟橋やロッジの屋根の上を走り回っていた。

ただ人と違う突飛なことをしたくて路上プロレスをやっているわけではなく、飯伏幸太の本意は別のところにある。

「できるだけプロレスをたくさんの人に見てほしいんですよ。路上プロレスはそのきっかけになるし、僕のプロレスはたぶん初めてプロレスを見る人にも向いている。究極の目標は渋谷のスクランブル交差点でプロレスをすることですね」

華麗な空中殺法があって、人を驚かすことができる。見た目もゴツくないので怖がられない。そんな自分はプロレスを見たことがない人にでも抵抗なく受け止めてもらえる。子供の頃から「自分が何かをすることで、人が反応するのが好きだった」という飯伏は、プロレスラーとしての自分を客観的に見ることができていた。プロレスが地上波のゴールデンタイムで放送されている時代ではなく、自分のように子供の頃からプロレスごっこをしている世代も少ない。そんな今だからこそ、自分をきっかけにしてプロレスに興味を持ってほしい。彼の願いはそこにあった。

■伝説のヨシヒコ戦

飯伏の成長と、団体としてのＤＤＴの成長はほぼ比例していた。「旗揚げした時はプロレス界で一番要らないと思われていた団体だった」と高木が語るＤＤＴは、２００９年８月に両国国技館という大会場に進出する。そのメインイベントで飯伏は遂に、団体のチャンピオンとなって「ＤＤＴは、いまから出発です」と宣言し

キャンプ場プロレスに参戦したヨシヒコ（右）

た。デビュー5年目のことだった。

こうしてKO－D（King of DDT）無差別級王者となった飯伏は、その後も語り継がれることになる、ある選手とのタイトルマッチを実現させる。その選手の名は、ヨシヒコ。有り体に言ってしまえばヨシヒコは、空気を入れてふくらませる等身大の人形である。素晴らしいプロレスラーはホウキとでも試合ができる、と古くから言われているが、DDTは2005年にヨシヒコを選手として登場させてから、いくつもの名場面を生み出してきた。ファンも団体ももちろん選手も、ヨシヒコのことをひとりのプロレスラーとして疑わない。DDTというのはそういう団体で、そういうファンを育ててきた。

飯伏がチャンピオンになった時に最初に対戦したい相手として名前を挙げたのが、ヨシヒコだった。そしてその年の10月25日、プロレスの聖地後楽園ホールのメインイベントで、KO－D無差別級選手権試合、飯伏幸太vsヨシヒコが実現する。

果たして飯伏によってヨシヒコは息を吹き込まれ、空高く舞い上がった。じっくりとした序盤のグラウンドレスリング、あり得ないほどの高さで飛ぶ空中戦。緊張感と驚きに満ちた24分にも及ぶこの試合に専門誌は「キミの心が僕の空気に」という美しいコピーを付け、試合前も試合後も、みな夢中でこの試合について語り合った。そして動画は世界を駆け巡り、海外のスーパースターまでもがこの試合を見て唸《うな》ったという。

■インディーとメジャー

繰り返し書いているように、飯伏幸太はDDTというインディー団体所属選手である。かつてプロレス界において「メジャー」と「インディー」の間にはとてつもなく高く分厚い壁があった。新日本プロレスと全日本プロレスだけがメジャー団体で、地上波のテレビ放送があって知名度もあり、レスリングや柔道、相撲出身の猛者《もさ》がしのぎを削っていた。時折インディー団体の選手がメジャーのリングに上がることがあり、そこで名を挙げたザ・グレート・サスケ（みちのくプロレス）やハヤブサ（FMW）といった選手もいたけれど、厳しい洗礼を浴びて気圧《けお》されてしまった選手も過去に少なくはない。

しかしメジャー団体も2000年代以降、分裂や格闘技ブームの嵐の中で体質が変わっていった。メジャーが疲弊する一方で、知恵と力のあるインディー団体は確実に成長し、優秀な選手を生み出しファンを増やしていた。飯伏vsヨシヒコのような試合を、後楽園ホールのメインイベントで行うことはメジャー団体にはとてもできなかったし、そもそも飯伏のような団体行動や規律が不得手な人間をプロレスラーとして育て上げることは、おそらくメジャー団体には難しかっただろう。

インディーだろうがメジャーだろうが、いい選手にはチャンスが与えられるべきだ。そんな考え方が主流になってきた新日本プロレスから、飯伏幸太のもとにオファーがやってきた。初めて彼が新日本の伝統あるジュニアヘビー級のシリーズ、ベスト・オブ・ザ・スーパージュニアにエントリーされた時には、ついに飯伏はここまでたどり着いたか、とまさに母親のような気持ちで歓声の中に立つ飯伏のことを記者席から見上げていたのだが、実は彼の快挙はまだまだ始まったばかりだった。

２００９年から連続して出場したベスト・オブ・ザ・スーパージュニアのシリーズでは、３年目にして遂に優勝。その勢いで新日本プロレスのＩＷＧＰジュニアヘビー級のチャンピオンにもなり、東京ドームのリングにも立った。他団体の選手ながら、試合が面白く、ルックスにも恵まれ、時に突拍子もないその言動で新日本のファンからも飯伏は大いに愛された。そして２０１３年には階級すら超越し、新日本プロレスのＧ１クライマックスというヘビー級のリーグ戦にもエントリーされたのだ。

１９９１年から続く伝統のＧ１クライマックスは、毎年必ず真夏に行われる。一年で一番過酷な季節に、一年で一番過酷なシリーズを行うのがこのG1の醍醐味であり、参加する選手の気力・体力は限界まですり減らされる。日本プロレス界において一番の集客力と話題を誇り、新日本所属の選手ですら選ばれたメンバーしか出場できない。そのG1クライマックスにDDTというインディー団体の、ジュニアヘビー級の選手である飯伏幸太が出場する。それはもう事件だった。彼のエントリーが発表された時の後楽園ホールの地鳴りのような歓声に私は震え、取材メモを取ることもままならなかった。そしていてもたってもいられず私はその2013年の夏、G1の全日程を飯伏幸太を追いかけて自費で取材してまわったのだった。

浜松、後楽園、名古屋、大阪、金沢、仙台、横浜、そして両国2連戦。11日間で9戦、タイトルマッチクラスのシングルマッチをほぼ毎日行う。新日本のエース棚橋弘至をして「だんだん終盤になってくるとみんな疲労で無口になってくるんですよ」というほどのシリーズに、連戦慣れしていない飯伏が耐えられるのか。そもそも85キロしか体重がなく普段はジュニアヘビー級の階級で戦っている飯伏が、100キロ以上あるヘビー級の選手と毎日試合をして大丈夫なのか。目の肥えた新日本ファンにどう受け止められるのか。何より、新日本のトップレスラーたちが、彼をどう扱うのだろうか。

■覚醒

結果からいって飯伏幸太は初めてのG１を完走した。しかも、途中で稀代のアーティスト肌のレスラーである、中邑真輔によって覚醒させられるというおまけつきで。公式戦４戦目の大阪で対戦した中邑は飯伏の中にある何かを呼び起こすかのように挑発し、執拗に彼をコントロールし続けていた。コーナーに追い詰め、茶化すかのように飯伏の頭を何度も蹴った時、飯伏幸太のいう「覚醒」がやってきた。

ぬるりと立ち上がった飯伏の背中と目に、狂気が宿っていた。それは誰の目にも明らかだった。レフェリーの制止も振り払って中邑を殴り、蹴り、ぼこぼこと空き缶を潰すように踏みつけた。試合は冷静にその飯伏の狂気を見切った中邑の勝利に終わったけれど、見ている誰もが総毛立ち、新しい血が全身を駆け巡るかのようなこの試合は、後に２０１３年度の東スポプロレス大賞の年間最優秀試合にも選ばれている。

そしてG１クライマックスが終わった後に、思ってもみなかった展開が飯伏幸太の元にやってきた。DDTと、新日本プロレスの、２団体所属という業界初の試みである。もっとたくさんの人にプロレスを見てほしい、プロレスを広めるためにもっと自分を使い倒してほしいと思っていた飯伏にとっては、これは大きなチャンスとなった。２団体所属になってしばらく経った頃に「しんどいですか？」と尋ねてみたら「いやあしんどいですね。心も身体も思った以上にしんどいです」と返ってきたので心配したが、大きな収穫が飯伏にはあった。それは、新日本プロレスのレスラーの心構えや立ち振る舞いに、身近に触れたことである。

元々尊敬していた、という棚橋弘至の、地方でも全力で試合をし、ファンを楽しませ、オフには全国をプロモーションで飛び回り、なおかつトレーニングを怠らない姿勢を見て飯伏は心底感嘆した。「神です。棚橋さんは僕にとって神です」と飯伏は言い切る。また、これまでどんなレジェンド級の選手と対戦しても気圧されなかった飯伏が、若くして新日本のトップに君臨するオカダ・カズチカと対戦した時にも圧倒的にかなわないものを感じた。

「あれは全体的に惨敗でした。入場から惨敗で、オカダ選手にはオーラがありましたね。これまで負けを感じることがあまりなかったんですが、その放っているものがもう戦う前から負けていました。対峙してますますダメだなと。でもその差を明確に感じられて良かったと思います」

ＤＤＴでは人気、実力共に頂点に達した飯伏幸太だったが、新日本プロレスで棚橋やオカダ、中邑らトップレスラーと接することにより、自分にはまだ伸びしろがあると感じることができた。慣れ親しんだＤＤＴと違う緊張感はあれど、「棚橋さんや中邑さんの位置まで行けるんじゃないかという確信も自分の中でありますいやこれはもうかなり、いいことです」と飯伏はそのやりがいに目を輝かせていた。飯伏に目標があって良かった。私もそう感じていた。

■ハードスケジュールと大きな期待の狭間で

２０１５年の１・４東京ドームで、飯伏幸太は中邑真輔とふたたび向かい合う。それは中邑の持つＩＷＧＰインターコンチネンタル選手権で、1年半前のＧ１以来の再戦だった。そしてあの時は中邑が飯伏の覚醒を促した試合だとするならば、この試合は２人がお互いの覚醒を促し、どこまでも昇っていくような試合だった。それは途方もなく官能的で、濃密で、刺激的な20分間だった。そして中邑はこの試合について、「現時点でのプロレスの枠というものの外に、一瞬でもいいから２人で出られたんじゃないだろうかという感覚がある」とまで言い切ったのである。

中邑、棚橋、オカダと目標とすべきレスラーを間近に見て、そして戦うことができる新日本プロレスの中で、トップを狙うべく飯伏は飯伏なりにもがき続けていた。しかし周囲の期待と、2団体所属というハードスケジュールは次第に飯伏の身体と心を追い込んでいた。28日間、19大会という史上空前の規模で行われた2015年のG1クライマックスを怪我なく無事完走した飯伏に「今回は前回以上に厳しかったですか?」と尋ねたら、「前回の5倍、10倍大変でした。シリーズの序盤でもう気持ちがMAXになってしまって、次の会場に行こうか東京に帰ろうか、本気で迷ったんです」と真顔で言われて絶句したのだが、その危惧の念は現実のものとなってしまう。

秋に入る頃には体調不良でいくつかの大会を欠場した飯伏だったが、2015年11月にDDT代表の高木三四郎と新日本プロレス会長の菅林直樹が揃《そろ》って記者会見を行い、飯伏幸太の頸椎椎間板ヘルニアによる無期限の長期欠場を発表したのである。

ついにこの日が来てしまったか、という気持ちだった。飯伏幸太の試合をいったい私たちはいつまで見続けていられるのだろうか、という不安は正直2団体所属になる遥か前から常にあった。その後先を考えないファイトスタイルは刹那というにはあまりにも惜しかったし、かといって明日や明後日のことを考えて出し惜しみする飯伏というのも考えづらかった。まるで自分の羽根を抜いて美しい織物を生み出すように、飯伏幸太は戦っているように私の目には見えた。

もちろん飯伏に帰ってきてほしいという気持ちも当然ながらあった。年末に1年間の激闘を振り返る映像を各団体やメディアが流したが、そこで躍動する飯伏の姿を見ると彼の不在を逆に強く感じた。しかし帰ってきたらまた、ハードなスケジュールと周囲の期待、そしてそのバランスが取れない自分に苦しむことになるかもしれない。そうまでして私たちは飯伏を追い込むことができるだろうか。

■理想の形

そして思ってもみない結末が訪れる。

欠場が４ヶ月になろうとする２０１６年2月末、飯伏幸太はＤＤＴと新日本プロレス両団体からの退団を発表した。今後は「飯伏プロレス研究所」なるプロジェクトを個人で立ち上げて「これまでにない新しいプロレスの可能性を追求する」という。

正直いって非常にショックを受けた。これはいったい何を意味しているのだろうか。飯伏幸太は、プロレスの最前線から降りてしまうのだろうか。あれだけの、誰もがうらやむほどのあり余る才能を持ちながら、そしてプロレス界の頂点まであと一歩と迫りながら、そのポジションを捨ててしまうのだろうか。無念だった。

その記者会見で飯伏は「最初に2団体所属の話をいただいた時には凄くわくわくしたし、2年間自分なりに頑張ってきましたが、ちょっと疲れました」と言った。そしていつ頃から限界を感じていたのか、との問いにこう答えた。

「最初の段階からすぐに限界ではあったんですけれど、すぐに限界がきて、それを乗り越えて、また限界が来て、それも乗り越えて、それを何回も何回も繰り返して、最終的にはこうなりました。もう乗り越えられない、という状態は相当前の段階です」

淡々と「限界」という言葉を繰り返す様を見て、もうこれ以上飯伏を追いつめることはできないな、と感じた。あり余る才能を持ちながら、と書いたが、その才能に惚れ込んだ周囲が飯伏にあまりに多くのことを期待したのだとしたら、その才能こそが本人を苦しめたことになる。

２０１６年3月21日、ＤＤＴ両国大会で飯伏幸太は5ヶ月ぶりにプロレスのリングに復帰した。両国国技館全体を使った路上プロレスで大暴れした試合に終止符が打たれると、飯伏はリングに突っ伏して泣いていた。欠場中、悩み苦しむあまり「このままでは大好きなプロレスを嫌いになったり汚してしまうことになる」と引退を覚悟するほどに追いつめられていたことを、私たちはこの復帰戦の後に知る。そして自分を自由に育ててくれた高木三四郎に深々と頭を下げ、両手を握ったまま飯伏は肩を震わせて泣き続けた。そんな飯伏をやはり涙声の高木は、「飯伏！　好きなことやれ！」と言って送り出したのである。

この仕事をしていて「プロレスラーに願うことは何ですか？」と尋ねられることがよくあるが、その時に私は決まって「レスラーが怪我なく、自分の理想の場所で戦い続けることができることです」と答えていた。大きな団体で何万人ものお客さんの前で戦いたい、地域に貢献したい、誰にも真似できないデスマッチをやりたい、プロレスラーにとって理想の形はさまざまだ。

東京ドームで３万人を陶酔させるのも、鹿児島の小学校の校庭で同級生を驚かせるのも、飯伏にとっては等しく理想の形だったのだろう。大好きなプロレスを嫌いになるかもしれないほどのプレッシャーから解放され、悩み苦しみを乗り越えてこれから飯伏が何をしようとしているのか、まだわからない。でも、きっとまた思ってもみないような美しく新しい羽根を手に入れて、私たちの前に帰ってきてくれると信じている。

写真提供：平工幸雄／アフロ

SANSHIRO TAKAGI

高木三四郎●1970年1月13日大阪府生まれ。駒澤大学卒業後、1994年IWA格闘志塾入団。1997年DDTプロレスリング旗揚げ、2006年に社長就任。2008年には自著『俺たち文化系プロレスDDT』上梓。2015年には武藤敬司率いるプロレス団体WRESTLE-1のCEOにも就任、大社長兼大CEOとして辣腕を振るう。

■きっかけは「屋台村プロレス」

「ゴールデン☆スター」飯伏幸太をして「高木さんがいなかったらプロレスをとっくにやめていた」と言わしめる高木三四郎《たかぎさんしろう》とは、どんな男なのだろうか。

DDTプロレスリングの社長であり所属レスラーの彼は、ファンからは敬意と愛情を込めて「大社長」と呼ばれている。近年はもっぱらリング上ではエンターテイメント性の強い試合に駆り出されていて、両国国技館の中を自転車で疾走したりリング上に椅子で城を築いたりしているが、いったんコスチュームの黒いショートタイツを脱げば、一インディー団体のDDTを業界屈指のプロレス団体に育て上げ、武藤敬司に請われて他団体のCEOを兼務し、その上複数の飲食店やストレッチジムを経営するベンチャー起業家である。

「なんでプロレスラーになったのかって言われたら、これはもう好きだったからとしか言えないんですよねえ」

まだ誰も出社していない新宿のDDTプロレスリング事務所で、眼鏡姿の高木三四郎は笑いながらため息混じりにこう言った。大阪でテレビ局に勤める父親の元に生まれた高木三四郎（本名・高木規）は何不自由ない子供時代を過ごし、大学入学と共に上京。学生時代にはイベントサークルで名を馳せ、芝浦や六本木のクラブに一晩で2000人以上を集めたりしていて、その界隈ではちょっとした有名人だった。

大学を卒業した後も就職はせずに、当時の仲間と一緒にイベント会社を立ち上げて広告代理店のセールスプロモーションなどの仕事をしていたという高木。彼がひょんなことからプロレス団体に出入りするようになるのは、「屋台村プロレス」がきっかけだった。屋台村プロレスとは、当時横浜の郊外にあった焼肉屋チェーンが経営する屋台村の出し物として行われていたプロレスで、インディー団体やアマチュアの選手たちが集まって行われていた興行である。そこの旧知のスタッフから宣伝を頼まれ、『東京ウォーカー』など情報誌に載せてもらったりなどの広報を手伝っているうちに、自分もプロレスをやってみたくなったという。

プロレスは子供の頃から好きだった。テレビで外国人レスラーに熱狂し、学校でプロレスごっこにいそしむ。1970年生まれの高木はプロレス黄金時代の申し子で、新日本プロレスではアントニオ猪木や藤波辰爾が、全日本プロレスではドリー&テリーのザ・ファンクスやジャンボ鶴田《つるた》が躍動していた。プロレスラーをめざしたこともあったけれど、柔道やアマレスで実績があったわけでもなかったので、無理だろうなと思っていた。

■無名レスラーばかりで旗揚げ

そんな高木がなぜ、プロレスラーになろうと思ったのか。学生時代にイベントを手がけ芸能界や広告代理店などの人脈もたっぷりあり、痛い思いをしなくても一晩で大金を稼ぐ旨味を既に存分に知っている高木である。それをわざわざ、しかもよほど通のプロレスファンしか知らないようなマニアックな屋台村でプロレスラーになろうと思ったのはなぜなのか。それが、冒頭の言葉に繋がる。

「みんなにも言われるんですけど、なんでプロレスラーになったのかって言われたら、好きだったからとしか言えないですよ。でも実際こんなに長くやるとは思っていなかったし、他に仕事を持ちながらやれたらいいなっていうくらいの考え方でした」

事実、イベント屋の仕事をしながらインディーの団体で人知れずプロレスラーとしてデビューした高木三四郎（リングネームは大好きだった漫画『1・2の三四郎』から自分で付けた）。屋台村でひと試合2500円という安いギャラで試合をしながら六本木のヴェルファーレでイベントを手がけるという極端な毎日の中で、プロレスにも欲が出てくる。もっとたくさんのお客さんの前で試合をしたい。一プロレスラーとして認められたい。自分で興行を開催し、少しでもいい環境で試合をしたくて小さな団体間でいくつか移籍をする中で、結果的に自分で団体を旗揚げすることになってしまった。屋台村でプロレスラー高木三四郎が生まれてから、2年が経った頃である。

「もともと学級委員タイプでも何でもなかったんですよ。リーダー格でもなかったし、でも他にやる人間がいなかったから自分がやったっていうだけなんですよ」

いま私たちの目の前にいる高木三四郎は典型的なリーダータイプで、ちょっと無茶なことを言っては部下のレスラーたちを動揺させて面白がっているあたりは明らかに〝ジャイアン〟である。でも元々そういう人間ではなかったらしい。1997年に団体を旗揚げした時も、所属団体が解散したり金銭で揉《も》めたりして上がるリングがなくなったレスラーたちに頼られ、泣きつかれ、説得されて一緒にやることにした。それが、ドラマティック・ドリーム・チーム、DDTプロレスリングの旗揚げだった。

プロレスラーには資格がなく、また大相撲のように管轄する協会もない。免許制度もなければプロとアマチュアの違いも特にないので、つまり「私はプロレスラーです」と言ってしまえば誰でもプロレスラーになれるというのが現状だ。

けれどＤＤＴが旗揚げするまでのプロレス界といったら、新日本プロレスと全日本プロレスという２大メジャー団体があり、インディーの先駆けと言われたＦＭＷを立ち上げた大仁田厚《おおにたあつし》も全日本プロレスの出身だった。つまりメジャー団体を経由していないプロレスラーが旗揚げする団体なんてどこにもなかった。

しかしＤＤＴはプロレス界で全く無名のレスラーだけで旗揚げしたので、業界からは完全に無視された。無視どころか、関係者からもファンからも「お前らには無理」「お前たちのようなレスラーが旗揚げなんてとんでもない」と散々バカにされた。そんな中で「プレ旗揚げ戦に来てもらったお客さんに自分たちがこのまま旗揚げしていいかアンケートを取り、半数以上だったら旗揚げする。半数以下だったら潔くあきらめる」という形で興行を行うことにした。結果、旗揚げに「ＹＥＳ」が１５４人、「ＮＯ」が24人という結果になり、彼らは自らの信じた道を進むことになったのだ。

■チケットが売れるイベントとは？

プロレス専門誌が掲載してくれなかった代わりに、情報誌が「新しいプロレス団体」ということで取り上げてくれた。ただ載せてもらうだけでは話題に乏しいと思ったのでコギャルに声をかけたら面白がってくれた。そうしてプロレスの聖地後楽園ホールに初進出した時にはそんな「コギャルがハマるプロレス」ということでワイドショーや深夜番組で特集が組まれるようになっていた。当時、アメリカの巨大プロレス団体WWF（現在はWWE）がいち早く導入していたエンターテイメント路線に魅了された高木は、DDTにもその手法を取り入れていた。企業買収、わかりやすい悪玉、そういったキャラクターはプロレスを見たことがなかった層にも受け入れられやすかったのだろう。

今は2000人入る後楽園ホールを毎回満員にしているDDTだが、当時は今ほどの知名度もなく、スターレスラーもいなかったのでそこまでの動員力はなかった。それでもチケットを売らなければ会社は廻らない。学生時代には一晩で2000人以上を集めるイベントを取り仕切っていた高木だが、果たしてチケットが売れるイベントと売れないイベント、そのノウハウは何だったのだろうか。

「もちろん他とは違う面白いことをやってたのもあるんですけれど、いわゆるすれている、遊び慣れている人ってパーティ券って買わないんですよ。遊んでない人の方が買ってくれる。つまり都内の有名な女子大や短大の女の子じゃなくて、ちょっと離れた地域の短大とか女子大とかに売りに行くと、えっホントに私なんかが行っていいんですかってチケット買ってくれる（笑）。これはいろんなことに通じていて、プロレスもメジャーとかいろいろ既に見ている人にはなかなか売りづらかったですね。でも一度も見たことがない層は、１回ハマると次もってまとめて買ってくれるんです」

学生時代のイベント屋のノウハウはここでまさに生きていた。学生のパーティもプロレスも、まだそれを知らない層にチケットを買ってもらうことで成長した。そしてお膝元の業界は、後からＤＤＴの面白さに気づく。

■スカウトは学生プロレスから

プロレス団体にとって何より大切なのは、人材育成だ。当たり前のことだがプロレスラーがいなければ試合も組めないし興行も行えない。メジャー団体には道場があり、厳しい入門試験があり、時間をかけて新人を育てる余裕があるが、インディー団体にはなかなかそこまでの余裕がないのが現実だ。

ＤＤＴは前述した通り、上がるリングがなくなった無名のプロレスラーだけで立ち上げた団体である。旗揚げ当初はやはり他のインディー団体からこぼれてきたような怪しい選手が多かった。しかし興行数も増え、団体としての体をなしてくるに連れて若手選手の育成が不可欠になってくる。その頃は道場を持たなかったＤＤＴが最初に目を付けたのが、大学のサークル活動である学生プロレスからのスカウトだった。当時学生プロレスをやりながらリング屋（自前のリングを持たない団体にリングや椅子などを貸し出し、設営するビジネス）のアルバイトをしていた学生が多く、そこからスカウトされて大学卒業後にＤＤＴの所属選手になる選手が現れるようになる。今でも団体のトップを張っているＫＵＤＯ、ＨＡＲＡＳＨＩＭＡといった選手は15年以上も前に学生プロレスからＤＤＴのレスラーになった選手たちだ。

今でこそ業界のエースたる新日本プロレスの棚橋弘至や、その先輩の真壁刀義《まかべとうぎ》が学生プロレス出身であったことは広く知られるようになったが、10年前まではプロのレスラーが学生プロレス出身であることを名乗るのはタブーだった。しかし高木にそんな偏見は全くなく、またＤＤＴにとっても学生時代に下地を積み、しかもリング屋としてさまざまな団体のプロレスを間近で見ていた学生プロレス出身者は好都合だった。

■男色ディーノがやってきた

２００３年には男色《だんしょく》ディーノがやってきた。男色ディーノというのは関西ではカリスマ的な存在だった学生プロレスラーで、「男色」という名の通りゲイレスラーだ。対戦相手の唇を奪ったり急所を攻撃したりというファイトスタイルで、現在も日本マット界で唯一無二の彼が発見されたのは、実は偶然だった。

私がサムライＴＶで長く担当している番組のひとつに、「インディーのお仕事」という番組がある。新日本や全日本といったメジャー団体ではない、小さくても面白いことをやっているインディー団体や選手ばかりを取り上げているサムライＴＶでも人気のこの番組が、偶然彼の試合を撮影していた。他のネタを取材しに行っていたディレクターが帰ってくるなり「今日は凄い試合を見ましたよ」と大喜びしていたことを覚えている。その試合が放送されるなり大評判となり、「男色ディーノ」の名前は一気に知られるようになった。

その試合というのが、「男色ディーノvs透明人間《とうめいにんげん》ミステロン」という試合なのである。透明人間ミステロンは、対戦相手の男色ディーノ以外には誰の目にも見えない。その透明人間と、見事にディーノは試合を成立させていた。相手をロープに振る、帰ってきた透明人間になぎ倒される、その一連の動きが全く不自然でなく不思議でもなく、そこにいた観客にも番組を見ていた視聴者にも映った。確かにそこに、透明人間はいた。この試合で男色ディーノの名は感度の高いプロレスファンや関係者に一気に知られるようになり、その年の夏、ディーノは突如としてDDTのビアガーデンプロレスに現れ、ファンを狂喜乱舞させたのだった。

男色ディーノのレスラーとしての稀有なキャラクターと、リングを降りた時の文化的な知識の多さ、バランス感覚の優れた部分に高木はすぐに気づき、ディーノは団体のフロントとしての仕事も任されるようになった。現在スーパー・ササダンゴ・マシンというマスクマンとしてテレビに引っ張りだこのマッスル坂井《さかい》と、男色ディーノが現在に繋がる「文化系プロレス」としてのDDTのカラーを決定づけたといっていい。それが外様だろうが、新人だろうが、その人の持つ能力を見抜いて生かすことができることこそ高木三四郎のリーダーとしての最大の功績である。

後にディーノは高木三四郎からこの団体のトップであるKO-D無差別級のベルトを奪取しチャンピオンになった時、「高木三四郎がワタシの価値を認めてくれたからワタシはレスラーを続けてこられた」と涙を流した。そしていまもって、男色ディーノはDDTファンが心の拠り所とするアイコンであり、その彼を見出したのは高木三四郎なのだ。

■飯伏、ヤス・ウラノが語る高木三四郎

そして時を同じくして、飯伏幸太がやってきた。キックボクシングを辞めて子供の頃からただひたすらに憧れたプロレスラーになれたのはこのDDTのリングだったのだが、前述した通り飯伏がDDTを選んだのは「ぬるそうだったから」。高木三四郎がいなかったらプロレスを続けてはいなかった、という飯伏は高木三四郎についてこう語る。

「高木さんがいなかったらたぶんプロレス辞めてましたね。ああ見えて高木さんもおかしいんですよ。自分がおかしいのと共通している。（路上プロレスで）電柱登っていいですかって聞いたら普通ダメって言うと思うんですけれど、高木さんは面白そうだなって言ってくれる。もちろん本当にダメな時はダメって言われるんですけれど、その後に何か、それと違うもっと面白くできそうな案を考えてくれるんです。ただダメだけじゃない。そこの部分ですよね」

他に拠り所のない、どインディーの若者ばかりで立ち上げたDDTに、まるで梁山泊《りょうざんぱく》の

如くさまざまな能力を持った人材が集まってくるようになった。今や地力がついて生え抜きの新人を毎年多数デビューさせているＤＤＴだが、他にも他団体を辞めてきたり、他の職業からプロレスに転向したり、そんなメンバーがまるで10年も前からこの団体にいるかのように馴染《なじ》んでいる。そしてここ10年、ＤＤＴからはほとんど人材が流出していない。

他団体でデビューし、後にＤＤＴにやってきて所属になり、今は若手の指導もしているヤス・ウラノというレスラーは高木三四郎についてこう語る。

「やっぱり面白いことをやってるからですよね。あと実は下の選手や練習生なんかのことも全部すごくよく見てるんですよ。ひとりずつちゃんと話をする。それから高木さんが上手《うま》いのは、人に仕事を上手く振るところです（笑）。それでいて責任は全部取ってくれますからね。ＤＤＴって面白いことに関しては凄いので、逆に僕らはその面白いことに負けないようにプロレスも頑張るようになった。それがプロレスの内容も良くなってきた理由だと思います。僕は夢を見てる余裕なんてないですよ。高木さんの夢に追いつけるように、自分ができることを埋めていくだけです」

■スタッフが見た大社長

栄養士の資格を持ち、専門学校で講師を務めた後にDDT入りし、スタッフとしてさまざまな業務に日々奔走するレフェリー木曽大介《きそだいすけ》の語る高木三四郎像はこうだ。

「皆さん大社長だとか面白がって呼んでいてちゃらんぽらんな人だと思ってるかもしれないですけど、僕なんかは高木さんからメールあったり着信あったりしたら超ビビりますよ。仕事に関して求められているハードルは高いので、それを下回ると怒られますね。でも最近忙しすぎて高木さんは記憶力に難があるので、ちょっと心配してるんですよ。久しぶりに1日休めそうな日があったので、明日休んでもいいですか、ってメールしたら3日後に『了解しました』って返事が来ました（笑）。辞めようと思ったことは一度もないですね。自分がここにいる能力がなくなる前に消えたいです。辞めてくれって言われるのはあまりに寂しいので」

そして、今やDDTという団体にとっても、そして高木三四郎にとっても良き女房役である、レフェリーの松井幸則《まついゆきのり》はこう語る。松井はレフェリーとしては20年のキャリアを持ち、みちのくプロレスや大阪プロレスでメインレフェリーとして団体を牽引しながら、自主興行なども開催していた。「ウチの団体はディーノや坂井といった、関羽《かんう》、張飛《ちょうひ》はいたけれど諸葛孔明《しょかつこうめい》がいなかったんですよ。やっぱり団体も大きくなってきてキャリアで語れる人が必要になってきて、ちょうど大阪プロレスを辞めた松井さんを三顧の礼で迎えました」と高木は言う。「そんな話初めて聞きましたよ」と笑いながら松井はこの団体と高木についてこう語ってくれた。

「僕もいろいろな団体にいていろんなボスに仕えましたけれど、2016年でDDTに10年、一番長くなりました。でも一度も辞めようと思ったことはないですね。高木さんの発想力は素晴らしいし、一生懸命ついていくだけです。高木さんは基本的に優しいんですよね。DDTを守るためにキツいことは外には言うかもしれませんけれど、内に関しては選手には優しいし守ってくれます。何より楽しいですもん。辞めることは考えられないですね」

驚くべきことに、スタッフ、選手誰に聞いても「辞めることは考えたことない」と即答された。正直、給料なり試合のギャラなりは決して高くはないという。それは高木自身も認めている。それでも、楽しいから、ここで高木と一緒に面白いものを作り、高木と一緒に夢を見たいから、みなDDTにいる。まさに、ドラマティック・ドリーム・チームだった。

■他業種進出

現在、ＤＤＴグループの中にはいわゆる本体である「ＤＤＴプロレスリング」のほかに、「プロレスリングＢＡＳＡＲＡ」という木高《こだか》イサミ率いる団体、「東京女子プロレス」という女子プロレス団体、「ガンバレ☆プロレス」というさらにインディー度の高い団体、「DDT NEW ATTITUDE（ＤＮＡ）」という若手主体のプロジェクトがある。さらに新宿・歌舞伎町に「ドロップキック」というバーと、「エビスコ酒場」という居酒屋、新宿三丁目にバーラウンジ「スワンダイブ」を２０１６年２月にオープンさせ、その他にも「ベストストレッチ」というストレッチ施術店や接骨院を経営し、それぞれＤＤＴの所属選手が働いている。

他業種に進出しているのはイベント屋出身であれこれ手広くやるのが好きな高木自身の趣味なのか、それともプロレス部門だけでは儲からないからなのか、と尋ねてみると、「両方ですね」という答えが返ってきた。

「儲かる儲からないということよりも、少なくとも日銭にはなりますからね。日銭は大事です。プロレスだけだと興行がない日には収入は入って来ないですけれど、飲食やストレッチ店をやっていれば毎日日銭は入ってきますからね。廻すお金は出てくるので」

もちろん失敗もいろいろあった。ステーキ店、カレー屋などもう今はなくなったお店もある。居酒屋でも初代の店長に250万円の売り上げを持ち逃げされるという憂き目にもあった。

「でももう全部辞めちゃおうかなっていう時にちょうど路上プロレスがあって、そこでモチベーション上がっちゃったんですよね（笑）。そういう変な魔力がありますす、プロレスには」

2015年には「劇場版プロレスキャノンボール2014」というロードムービー&プロレスムービーで映画界にも進出し、また一般女性向けのプロレス教室を始め、そこから新人女子プロレスラーをデビューさせている。赤井英和の娘である赤井沙希《あかいさき》がプロレスラーとしてDDTで試合をしていることもあり、赤井沙希の所属する大手芸能事務所オスカープロモーションとも提携している。いったい高木はどこまで行こうとしているのだろう。

「これまでやってきて一番想定外だったのは、そりゃDDTがこんなに大きくなったことですよ（笑）。誰もそんなこと予想できなかったし考えてなかった。でもここまで来たからにはもっと大きくしていきたいし、まだ行けるなっていう感覚はありますよね」

■「高木、頼むよ」のひと言でCEOに

さらに驚くべきことに、2015年5月、WRESTLE－1（レッスル・ワン）という団体が高木三四郎をCEO（最高経営責任者）として迎えることを発表した。WRESTLE－1（W－1）は日本を代表するプロレスラー、武藤敬司が立ち上げた団体であり、DDTとは全く関係がない。つまり純粋に経営者としての高木に白羽の矢が立ち、招聘《しょうへい》されたのだった。スーパースターである武藤敬司から「高木、頼むよ」のひと言で丸投げされた、と高木は笑うが、プロレス界の誰にも相手にされないところからDDTを立ち上げ、業界屈指の団体に育て上げた高木が、新日本プロレス、全日本プロレスというメジャー団体のトップを走ってきた武藤敬司から請われてCEOに就任するというのは何とも痛快なことである。

「DDTが順調に行きすぎていたので、もっと自分をスキルアップさせるために水道橋界隈でコンビニエンスストアでもやろうかなと思っていたんですよ。そうこうしているうちにW－1CEOの話が来て、これだなと思いました。自分自身の刺激のためともちろん、プロレス界のため。それがお引き受けした要因です」

現在高木はDDTプロレスリングの社長兼選手と、W－1のCEOとして多忙な日常を送っている。午前中から午後2時までを大久保のW－1の事務所で、そしてそれ以降の時間を新宿御苑のDDT事務所でそれぞれ業務をこなす毎日だ。W－1ではレスラーとして表舞台に立つことは基本的になく、完全に経営者としての顔に徹している。

いまは正直経営の方が忙しいし楽しくて、選手としての欲はもうあまりない、と言う高木が最後にこんなことを言った。

「僕の子供の頃の夢って3つあって、ひとつは社長、ひとつはプロレスラー、ひとつは政治家なんですよ」

社長とプロレスラーはいろいろあって実現した。そして今や押しも押されもせぬ「大社長」であり「大CEO」だ。さてあともうひとつの夢の可能性はあるのだろうか？

「いやあそれはわからないですね」

笑顔で煙に巻かれてしまった。でもこれまで、両国国技館進出、DDT48総選挙、飯伏幸太2団体所属、そして本人の2団体経営者など高木三四郎に驚かされたことは数限りない。きっとこの人はこれからも私たちを驚かせるだろう。ドラマティック・ドリーム・チームの仲間たちと一緒に、その夢に追いついていきたい。

プロレス界で一番の裏方

（大日本プロレス）

登坂栄児

EIJI TOSHIKA

登坂栄児●1971年3月25日東京都生まれ。1991年に天龍源一郎率いるSWSに社員として入社、分裂後にNOWの社長を経て1995年に大日本プロレスへ。レフェリー、リングアナ、試合中継の実況アナウンサーと裏方としての仕事は多岐にわたる。2011年に大日本プロレスリング興業の社長に就任するも、現在も現場に立ち続けている。

■デスマッチ&ストロングヘビー

大日本プロレスは日本プロレス界において、新日本プロレス、全日本プロレス、みちのくプロレスに次ぐ古い団体で、2015年に設立20周年を迎えた。元々は全日本プロレスを離脱した天龍源一郎《てんりゅうげんいちろう》を核にして1990年に旗揚げしたSWSという団体があり、それが92年に分裂。その一方であったNOWが95年に旗揚げした大日本プロレスに引き継がれた。歴史的にはそういう経緯を持つ団体である。

大日本プロレスの魅力はデスマッチと、ストロングヘビーという両極端の看板を持つことにある。デスマッチとは大仁田厚がFMWという団体で大ブームを呼び起こしたプロレスの1ジャンルで、通常のプロレスルールに加えてリングのロープを有刺鉄線に変えたノーロープ有刺鉄線デスマッチや、リング内外に火薬を張り巡らせた電流爆破デスマッチなどがある。それを独自の方向に進化させ、蛍光灯デスマッチや画鋲《がびょう》デスマッチ、建築現場デスマッチ（足場を組んでその上で戦う）などに昇華させたのが大日本プロレスだ。

一方、ストロングヘビーというのはいわゆる新日本プロレスのストロングスタイルと同義で、レスラーが鍛え抜かれた身体ひとつで勝負をするスタイルのことを言う。デスマッチに特化した選手と、ストロングヘビーに特化した選手、それぞれが共存しているのが大日本プロレスの面白いところなのだ。

その大日本プロレスの舵を取り続けているのが、現代表の登坂栄児《とさかえいじ》である。ある時はレフェリーとして、ある時はリングアナウンサーとして、ある時は実況アナウンサーとして、ある時は事務方として、ある時は売店でファンと触れ合い、表でも裏でも大日本を支え続けてきた。主力選手の大量離脱、社長との対立、さまざまな苦い思いを乗り越えて大日本を業界屈指の人気団体に導いた、非レスラーでの一番の立役者だ。大日本もいわゆる「インディー」と言われるカテゴリーに入る団体だが、DDTの高木三四郎と並んでインディー屈指の知恵者と言われているのがこの登坂である。

■コーラを500杯売り上げるコツ

祖父が「テキ屋の真似事」みたいなことをやっていたことから、子供の頃から屋台の手伝いをしていたという登坂だが、一番自信がつき、自身が飛躍したと感じているのが高校時代にやっていた後楽園球場のコーラ売りのアルバイトだという。

「売れる売れないで頂けるお金が全く変わってくるんですね。僕らの頃は固定給が1日1200円。つまり1杯も売れなくても1200円は貰えます。1杯売れると8円。うろ覚えですけれど100杯売れると1杯の単価が上がって9円とか、200杯売れると10円。500杯くらい売れると1杯15円に。その時売値が確か150円だったので」

売り上げが上がるごとにアルバイトのリストのトップに名前がランクインするようになる。登坂も次第にコツを覚え野球1試合で500杯以上を売り切る人気売り子となっていた。コーラの売り子がたくさんいる中で、売れる人と売れない人の違いは何ですか、と尋ねると、こう答えてくれた。

「全体を見てるかどうかですね。ウチ（大日本）の売店なんかもそうなんですけれど、間近にいるお客さんだけ見てても絶対売れないですね。ピザの切り口みたいな感じで、自分が球場の一番下にいたらずーっと上まで見て『コーラいりますか』って言った時に目が合って『はい』って言ってくれると、そこまで階段でだんだん上がっていく途中にまた売れるんです。

あと一生懸命やってる感は凄く大事で、つまり氷が溶けちゃうので、売り方が下手だと20

杯しか持てない。でも売れるようになってくると1回基地から出て戻ってくるのもったいないから、100杯くらい積むんです、重いけど。そうするとみんなも相乗効果ですよね、金持ちの理論ですよ。たくさん持ってるってことはあの子は売れてるんだなって、売れてる子から買おうってなるんです」

現在も大日本のグッズ売店に立つことが多い登坂だが、その時にも気になるのは「輪に入れないお客さん」のことだという。大日本はファンサービスがとても手厚い団体で、デスマッチを終えた血だらけの選手が、身体中に蛍光灯の破片や画鋲が刺さったままで笑顔でファンをお見送りしたり、売店に立ったりすることが日常風景だ。そんな触れ合いの中で選手と顔見知りになる熱心なファンも数多くいるのだが、「その輪の外にはいつかの僕のような、欲しいんだけれど声が上げられないファンがいる」。テキ屋の手伝いをしていた時も、群がってくる子供たちよりもその輪の外にいて声を上げられない子ばかりが気になった。今でもその原点は揺るがない。

■「一番の裏方」になりたい

さて、そんな登坂だが、元々熱心なプロレスファンだったわけではない。高校を卒業し経理の専門学校を出て、たまたま募集をしていたＳＷＳというプロレス団体に履歴書を出したのが彼の運命を変えた。ＳＷＳはメガネスーパーというスポンサーが付き、全日本プロレスの人気選手だった天龍源一郎を引き抜きに近い形でエースに据えて旗揚げしたことから当時一部マスコミから非常に厳しいバッシングを受けていた。今ではプロレス団体にお金を出してくれる企業を叩くなどということは考えられないのだが、専門誌には「金権プロレス」という言葉が踊った。

ＳＷＳがどういう団体なのか当時はあまりわかっていなかった、という登坂だが、彼が入社してほどなく、団体は天龍派と、非天龍派の２つに分かれることになった。天龍派（後にＷＡＲという団体になる）は必要最低限のスタッフしか連れていかないということと、ＳＷＳで最年少だった自分は連れていってはもらえないだろうな、という自覚が登坂にはあった。そしてもうひとつ彼の頭にあったのはこの言葉だった。

「何となく僕の20歳までの人生観の中で、鶏口となるも牛後となるなかれっていうのがあったので」

熱心なプロレスファンではなかった、という登坂だが、ＳＷＳに入る頃には「一番の裏方さんになりたいな」と思うようになっていた。誰もがエース天龍源一郎のいる天龍派の団体に行きたい、と思う中で、年下だったこともあり天龍派ではない方の団体で「一番の裏方」になる道を登坂は選んだのだが、これがさらに予想外の展開を生む。

登坂が選んだ団体、ＮＯＷは大方の予想通り苦難の連続だった。天龍のような大エースがいないだけでなく、ベテラン選手の離脱も相次いだ。加えて１９９３年にはリングトラックの事故で、若手レスラーが事故死するという悲劇に見舞われる。事故発生後に現地にいて一番早く病院に駆けつけて遺族とも対面した登坂は、後に遺族に「うちの子がこれだけやってきた会社なので、お願いだからこの会社を潰さないで下さい」と懇願されたという。

それからほどなくしてそれまで代表を務めていたケンドー・ナガサキが離れ、次の社長を誰にするか話し合った時に当時一番キャリアのあった伝説の悪役、上田馬之助《うえだうまのすけ》が「俺のこのキャラクターで社長をやっていいんだろうか」と悩んでいたことから、「では僕がやります」と登坂が社長を引き受けることになったのだ。当時の登坂の頭には、亡くなったレスラーの家族との約束が色濃く残っていた。23歳での社長就任は大きな話題となったが、団体を立て直すには至らなかった。

結局ＮＯＷは、ケンドー・ナガサキと、ＷＡＲの営業を担当していてレスラーとしては引退していた元全日本プロレスのグレート小鹿《こじか》が旗揚げする大日本プロレスに引き継がれた。登坂はちょうど結婚を考えていたこともあり、これを機にプロレス界からは足を洗おうと思っていたところ、グレート小鹿に引き留められて結局大日本プロレスのスタッフとして残ることになってしまった。

■「とんち」のデスマッチ

1995年に旗揚げした大日本プロレスは、最初から今のようなデスマッチとストロングヘビーの2本柱だったわけではない。90年代後半といえばグレイシー柔術が衝撃の日本上陸を果たし、「バーリトゥード」という言葉がプロレス界を席巻《せっけん》していた時代だ。たくさんのプロレスラーが正しい情報もなく準備もできずに海外の格闘家に挑んでは散っていった。大日本のエースだったケンドー・ナガサキも、ジーン・フレジャーというキックボクシングの選手に挑み、自分のバックボーンである相撲殺法で突っ込んでいっては玉砕した。

かと思えば、当時大きな話題となっていた大仁田FMWに対抗して大日本でもデスマッチが行われていた。その頃は若かったこともあり、どういう団体にしたいというビジョンは登坂の中でも全くないまま無我夢中だったという。

私は1996年に全くプロレスについて無知なままプロレス専門チャンネルのニュースキャスターという仕事を始めたのだが、忘れもしないプロレス観戦2戦目が大日本プロレスだった。その日会場の横浜文化体育館で行われていたのが、リングの真ん中に大きな水槽を置き、その中でピラニアが泳ぐ「ピラニアデスマッチ」。その水槽に落とされたら負けというルールだった。その前の週に初めて見たプロレスは女子プロレスのオールスター戦で、「あ、プロレスって宝塚みたい。華やかでキラキラしていてこの仕事できるかも」と思っていた私にとって、薄暗い会場の真ん中に水槽が置かれ、その中に落ちる落とされるで大熱狂する通な男性ファンばかりの会場は衝撃的だった。「リングの中に水槽があったら邪魔ではないのだろうか」「やはりこの仕事は無理かもしれない」と弱気になりとまどう当時の私自身の動揺を示した観戦メモが今でも手元にある。

大仁田FMWのような大がかりの仕掛けを用いたデスマッチができない分、大日本プロレスは知恵とアイデアで勝負をしていた。登坂はそれを当時よく「とんち」という言い方をしていたが、デスマッチに関して際だった独創性を発揮していたのが、ミスター・デンジャーと呼ばれファンからもレスラーからも尊敬された、松永光弘《まつながみつひろ》というレスラーである（200

9年に引退)。

前述したピラニアデスマッチだけでなく、サソリサボテンデスマッチ、月光闇討ちデスマッチ(会場の明かりを消して暗闇で行うデスマッチ)など松永が考案したデスマッチは数え切れない。そのアイテムにもこだわりがあり、「人を殺してはいけないけれど、死を想起させるものでなくてはいけない」というポリシーがあった。登坂は松永についてこう言う。

「松永さんのデスマッチは考えるデスマッチなんですよね。文学的というか、プロレスの中における表現の中で、この結末を迎えるための機転とか過程とかについて考える。一番刺激を受けました」

私も松永のデスマッチで覚えているものはたくさんあるが、その結末が衝撃的だったのが「裸足画鋲デスマッチ」だった。文字通り、リング上に画鋲が散らばる中で裸足で戦うという、想像するだけで全身が総毛立つデスマッチなのだが、そのフィニッシュは誰もが全く予想できないものだった。試合終盤、松永が相手選手をアルゼンチンバックブリーカーという背中を痛めつける技で担いでいたのだが、その技が決まったところでゴングが鳴った。当然観客は技をかけていた松永の勝利を信じて疑わなかったのだが、結果は松永の敗北。あっけに取られる中で、松永は相手の重みが足下にかかり、画鋲の痛みに耐えかねてギブアップしたことを白状。誰もが想像し得ない結末だった。

松永が切り拓いた大日本プロレス独自のデスマッチ戦線の中で、若いデスマッチファイター も育ち始めた。山川竜司《やまかわりゅうじ》、シャドウWX、本間朋晃《ほんまともあき》という3人が90年代後半には「デスマッチ新世代」として脚光を浴びる。アメリカ東部のCZWというデスマッチ団体との交流で外国人のデスマッチファイターも多数来日し、ガラスデスマッチやバルコニーダイブなど斬新なデスマッチにファンは熱狂した。これまでデスマッチは「通常ルールでは決着がつかないほど因縁が深まった選手同士が、最終決着戦として行われる形式」というパターンが多かったのだが、デスマッチ新世代はお互いの間に因縁や憎しみがなくとも、素晴らしい試合ができることを証明して若いファンを獲得した。

■最悪の状態で決行した横浜アリーナ大会

ところがリング上は充実しているかのように見えていた大日本プロレスだったが、実はさまざまな問題を抱えていた。元々全日本プロレス、WARとメジャーのいい時代を知っている社長のグレート小鹿は、良くも悪くもお金に関して緻密ではなかった。身の丈に合わない興行を行ったり、外国人選手を多数招聘《しょうへい》したりしている間にあっという間にお金は底をつき、設立5年を迎える頃にはあちらこちらへの支払いが滞り、選手、スタッフにも給料が払えなくなっていた。社長であるグレート小鹿と、事務方のトップである登坂との間もしっくり行かなくなり、選手間のコミュニケーションもばらばら。主力選手が離脱し、負傷欠場した選手にも満足な保障ができない。そんな中、２００１年に大日本プロレスは横浜アリーナという大会場に打って出る。当日は頭蓋骨骨折という大ケガから山川竜司が復帰、ミル・マスカラスの招聘、グレート小鹿がコスプレをして試合出場など話題には事欠かなかったが、実際は団体が上向いた状態での大会場進出ではなかったのである。

「もう全くバラバラで誰も会社のことなんか考えてないから、とりあえず旗を立てようと思って7周年という非常に中途半端な時にやりました。それでみんながひとつになったかっていうとそんなマンガみたいなことにはならなくて。その後に生きた経験値というと、もう大会場でやらなくなったっていうことですね（笑）。やったらやったぶんだけいいというそんないい話ではないです」

長く大日本プロレスを取材し、中継番組の解説を登坂と共に務めているライターの須山浩継氏に「大日本の歴史の中で一番のピンチはいつですか？」と尋ねると「横アリの翌年くらいが最悪じゃないですかね」と即答された。

「主力選手が抜けてまだ若手は育っていないし、選手間の雰囲気も良くなかった。登坂さんと（グレート）小鹿さんの関係も悪かった。もう知られていることですけれど、若手の選手は給料が貰えなくて土木関係のアルバイトをしていましたからね。もう僕は大日本は潰れると思ったし、こんな感じで続けていくならばむしろ潰れるべきだと思っていました。だからよくぞそこから持ち直したと思います」

現在大日本プロレスの屋台骨を背負っているのが、デスマッチ部門では伊東竜二《いとうりゅうじ》、ストロングヘビー部門では関本大介《せきもとだいすけ》という大日本生え抜きの選手で、2人は1999年の同期デビューだ。前述した土木関係でアルバイトをしていた若手選手というのがまさにこの伊東、関本たちの世代で、この一番大日本が辛い時期に若手時代を過ごした2人が、成長し団体の看板となることで大日本は持ち直した。

「彼らがいい意味であっけらかんとしていておおらかで、どうするんだよと騒ぎ立てなかったのが助かりましたよね。彼らは僕と違って優しい。僕なんかは会社のためにお金が必要だから頑張んなきゃいけない、それぞれのちょっとした苦労は我慢しなきゃいけないっていうのがあるけれど、彼らは周りのそういうひとつひとつの苦労をきっちりと聞いてあげたりとか何かしてあげたりとかいうのができる。僕はそういう優しい人たちに囲まれているので助かっています」と登坂は言う。

■「もういつ僕がいなくなっても大丈夫」

プロレスラーはリングでプロレスをやることだけに集中すべきだ、というのは理想論だけれど、インディー団体はそうは行かない。興行が決まれば営業に走りチケットを売り、ファンが喜ぶような企画を考え、試合の日にはリングトラックを運転し、リングを搬入し、組み立て、椅子を並べ、席番を貼り、開場すればグッズを売り、試合をし、セコンドに付き、試合が終わればリングを片付け、トラックに積み込み、明日の試合会場にトラックを走らせる。もちろん合間にきっちりと練習を積み、リングに上がれば何の言い訳もせずファンに喜んでもらうために全力で試合をする。この全てをプロレスラーが行う団体はインディー団体では決して少なくない。

「でもめざすところは最初はそこ（プロレスだけやってればいい）でした。レスラーはレスリングだけやらせてあげたいっていう志はあったんですけれど、例えばＤＤＴさんもレスラーがいろいろな業務を担当しているし、あとは新日本が不遇だった時代の棚橋さん。地方に行っても本当に棚橋さんの話は聞くんですよ。コミュニティFMなんか行くと、営業マンが出て宣伝するのは当たり前ですけれども、『こないだ新日本プロレスの棚橋さん来てくれて』っていうのをいろんなところで聞くので、やっぱり凄いと。僕は彼と直接喋ったことはほとんどないんですけれども、他団体ながら凄い人だなとは思いますね」

大日本もレスラーがさまざまな業務を兼務している。「本当はレスラーにはレスリングだけやらせてあげたい」という登坂だが、他の業務を担うことで得られる人間的な成長は大きい。道場でトレーニングのメニューを考える選手、若手や練習生を日々細やかに見守る選手、物販を担当する選手、そして地元横浜のさまざまな商店街を廻って行う商店街プロレスを担当する選手。数年前から選手で担当を決めるようになった、という登坂だが「ヒーロー活劇みたいに選ばれた人たちがたまたま集まって、それが適材適所で活躍していいチームに、って思うんですけれど、そうは上手く行きません（笑）。割り振ってみた中でその通りだった人もいるし、実は違ったっていう人もいる。面白いことにビジネスで考えるとこの仕事はこの子に向いてないな、という仕事もあるんですけれど、役割を与えられて喜んで嬉しくてやってるっていう姿を見ると、下手《へた》に変えられないなと思います」

大日本が設立された当初は営業、広報、物販の管理、リングトラックの運転、リングアナと何から何まで裏方の仕事を担当していた登坂だったが、「ここ半年くらいもういつ僕がいなくなっても大丈夫だなと実は思っていた」という。現在の大日本プロレスだが、後楽園ホールは毎回満員のお客さんを集め、それより小さな規模の会場でもそれぞれの場所に合わせた趣向を凝らした興行を行う。横浜の商店街でも引っ張りだこで、２０１５年は年間実に15カ所の商店街でプロレスを行った。基本的に商店街プロレスは無料で観戦でき、子供たちを相手にプロレス教室なども行って地域振興に一役買っている。

「選手たちが持っていたポテンシャルに僕が気づいてなかったんですね。僕が持っていた古い経験で小さな舟を漕いでいたんだけれど、その小さな舟に乗っている彼らはその小さな舟以上の存在になっていて、大きな舟を用意してみたらちゃんと運航ができた。最初は大きな舟だから今までやってたやり方と違うので戸惑いとか躊躇《ためらい》とか上手く行かないことはあったんだけれど、それでも持っている資質や素質は充分にあって、もう彼らに任せていけるなっていうところまできました」

■インディーの誇り

そんな大日本プロレスは設立20周年を迎えた2015年に両国国技館に初進出する。団体が最悪だった2001年の横浜アリーナ以来の大会場だ。「僕があまのじゃくなので本当は20周年とかじゃなくて3年前にやる予定だった」ということなのだが、会場側の都合もあったりで2015年に行うことになった。その大会場進出の理由がまた登坂らしい。

「いろんな理由があるんだけれども、まず一番に『週刊プロレス』とかサムライTVとかの大日本プロレスを担当してくれている記者やディレクターの人たちのためにやりたいと思ったんですよ。みんな大日本のために凄く頑張って熱い記事を書いたり番組を作ったりしてくれても、なかなか会社の上層部の人たちには届かなくて、やっぱりビッグネームの会社や団体の方が誌面が取れるし売れるだろうって思われる。大日本が両国でやるっていっても、ビッグネームがやると目に付くんでしょうけれども大日本がやっても目に付かない。そういう人たちのために報いたいと思ったのは本当です」

その大日本プロレス両国大会、その名も「両極譚《りょうごくたん》」は2015年7月20日、試合内容、観客動員とともに満点の大成功を収めた。サムライTVは大会を生中継し、『週刊プロレス』では増刊号を出して登坂と団体の思いに応えた。そして返す刀で大日本は来年の両国大会開催と、直後の後楽園大会での伊東竜二vs関本大介の蛍光灯デスマッチ開催を立て続けに発表したのである。２００１年に横浜アリーナ大会を決行した時には、その後選手の離脱が続いたり団体内の人間関係がおかしくなったりと、前述した通りこの20年で最悪の時期を迎えていた。だが今回は違う。この両国大会が20周年記念のための大会ではないこと、これが大日本の通常にこれからなっていくこと、そしてそれを待たずしてこの13年一度も実現しなかった伊東vs関本を、しかも蛍光灯デスマッチで行うことなどを一気に発表したのだ。今の大日本ならば、両国で燃え尽きずに二の矢、三の矢を放つことができる。それが、20年目の大日本プロレスの強さの証だった。

かつて創生期に大日本プロレスはインディー批判をした新日本プロレスに乗り込み、東京ドームで対抗戦をやったこともあった。時は巡り今はプロレス界において、メジャーだのインディーだのといった区分はあまり意味をなさない。それでも登坂の発言からは苦難の時期を生き抜いてきた強烈なインディーの誇りを感じる。

「いつ僕が死んでも大丈夫な会社にしたいし、誰が欠けても、続けられる会社っていうのは思っています。プロレス業界に対する責任感は凄く感じてます。本当に辞めたいとか辞めるとか思ったことはないですけれど、一緒に作ってきたファンが悲しむような、ポンとこれがなくなってしまったら寂しいだろうなと思って。しっかりとやっていきたいなと思っています」

高校生の頃に後楽園球場で誰よりもコーラを売りたいと思っていた少年は、プロレス界で一番の裏方になった。そしていま、登坂の意志を受け継ぎ、そしてそれをさらに大きく羽ばたかせた選手、スタッフたちに囲まれて、登坂は大日本を見守っている。そしてどれだけ若手に仕事が受け継がれても、大会のオープニングで、そして売店で、ファンに語りかける登坂がいる限り、大日本のインディースピリットは生き続ける。

写真提供：平工幸雄／アフロ

NAOMICHI
MARUFUJI

丸藤正道●1979年９月26日埼玉県生まれ。1998年に埼玉栄高校卒業後、全日本プロレス入団。全日本プロレス分裂後の2000年に三沢光晴率いる新団体プロレスリングNOAH（ノア）に移籍。2006年にGHCヘビー級王座戴冠。三沢急逝後の2009年に副社長に就任。リング内外で団体を牽引する。

■高校3年生で合宿所生活

丸藤正道《まるふじなおみち》といえば、いつも私が思い出すシーンがある。師匠である三沢光晴《みさわみつはる》との一騎打ちに臨み、壮絶に玉砕した後に、その三沢に背負われて花道を帰っていく姿だ。牛若丸のように若く身軽だった丸藤と、弁慶というにはもう少しニヒルで軽妙洒脱だった三沢との初めての一騎打ちは、最後のその映画のような場面ではっきりと記憶に刻まれることとなった。三沢の背中は広くそしておそらく温かく、丸藤はそこに全てをゆだねていた。

丸藤正道はプロレスリングNOAH（ノア）の所属選手であり、現在副社長を務めている。ジャイアント馬場が立ち上げた全日本プロレスが1999年の馬場の逝去の後に分裂し、三沢光晴が多くの選手とスタッフを引き連れ、新しく2000年に旗揚げしたのがプロレスリングNOAHという団体だ。丸藤正道は全日本プロレスでデビューし、常に三沢と行動を共にしていた愛弟子《まな》だった。

男ばかりの4人兄弟の末っ子で、子供の頃から兄の影響でプロレスが好きだったという丸藤のプロレス入りの経緯は少し変わっている。

「中学の頃には将来プロレスラーになろうと思って、高校は県で一番レスリングが盛んだった埼玉栄を選びました。高校時代は修学旅行の記憶もないくらいレスリングばっかりやってたんですが、自分は身体が小さかったので新日本とか全日本とかのメジャーなプロレス団体は無理だろうと思ってたんです。でも高校の監督の先生が全日本プロレスの三沢光晴さんと知り合いだったので、そこからきっかけが生まれました。

でも普通の入門テストじゃなかったんですよ。高校3年生の冬休みに、いきなり一週間全日本プロレスの合宿所にぶち込まれたんですよ。一週間練習も雑用も耐えられたら卒業して入ってきていいよっていう」

今ではかつてに比べてプロレス団体内部の上下関係もずいぶんと緩やかになったと言われているが、当時の全日本の道場は相当な緊張感を伴ったものだったようだ。練習前に喋っている人もなく、みな無言でストレッチ。ただ、レスリング一筋でアルバイトもしたことがなく、家族と学校の先生以外に大人と接することがなかった丸藤にとっては疑問に感じる余地もなかった。

「全部が初体験で。練習は基礎体力とスパーリングをひたすらやりました。高校のレスリング部の練習がかなり生かされて基礎体力はついていけたんですね。腕立て伏せとか腹筋とかも当時は小橋《こばし》（健太《けんた》、のち建太に改名）さんも一緒で、あのデカさですいすいやられちゃうので周りもやらざるを得なかったし。

スパーリングは合宿所にいた大森《おおもり》（隆男《たかお》）さんなんかともやりましたね。デカい人とあまりやったことがなかったので、プロレスラーの厚み、圧力っていうのを凄い感じました。スピードで何とか逃げられた部分はあったんですけれど。

雑用はちゃんこ番とか洗濯とか掃除とかですけれど、しんどいというよりも自分が夢見てた世界に踏み込めている状況の方が嬉しかったですね」

その一週間が終わり、全日本プロレスの興行がある後楽園ホールでジャイアント馬場に挨拶をし、それで丸藤正道は全日本プロレスに合格した。「おめでとう！　君は合格だ！　っていうのはなかったんですか？」と不思議に思って尋ねたら、「そんなウェルカムな感じじゃなかったですね」と笑う。

■三沢光晴の付き人に

その一週間にわたる不思議な合宿所生活から帰ってきてからも、丸藤は高校を卒業するまでその合宿所で体験した全日本プロレスの練習メニューを自主的にこなしていた。もともとの天才肌に加え、そうした努力が入門後にあっという間に花開き、入門５ヶ月半での異例の早いデビューとなった。ちなみに全日本プロレスの歴史の中で最も早いデビューだったのが三沢光晴の入門５ヶ月で、丸藤はそれに次ぐ早さとなる。

そんなふうに入門当初から三沢と並べて論じられることが多かった丸藤だが、三沢の付き人となったのも入門してすぐのことだった。

「特に何を言われたってことはないですね。試合についても人付き合いにしても上からあしろこうしろっていう会話をしてくる人ではないですし。一番気を遣うのは試合の時に持って行くジェラルミンのケースの中の場所かな。どこに何を入れるとか、シューズのたたみ方とか紐の巻き方とかは全部決まってました。でもやることはやれ、ぐらいの感じで、凄く可愛がってもらってたと思います」

三沢が丸藤を可愛がっていたのはよく知られていたことだった。私も当時、試合内容も鮮やかで、爽やかなビジュアルで女性人気もどんどん高くなった丸藤について「丸藤選手も随分女の子のファンが増えましたね」と三沢に話したら、ニヤリと笑って「いやあ、まだまだ俺の足下にも及ばないよ」と返答されたことを覚えている。三沢もたいそうモテた人だった。

■プロレスリングNOAH旗揚げ

しかし丸藤のデビュー後まもなく周囲の環境は激変する。全日本プロレスの創始者であり社長だったジャイアント馬場が逝去。その後、三沢光晴が社長を継ぐもジャイアント馬場未亡人の馬場元子と折り合いがつかず、結果的に三沢たちが全日本プロレスを出ていくこととなった。当時何が起こっているのかはわからなかったけれど、三沢に付いていくということだけは全く迷いもなかったと丸藤は言う。

「来いよとは言われませんでしたし、たぶん三沢さんは誰にも言ってないと思います。でも酒の席で一度だけ、三沢さんが涙してるのは見たことがあります。たぶん辛かったんだと思うんですけれど。仲間内で飲んでいて、凄くいろいろと大変そうで。他には一度もないですね、そういう場面はただの一度だけです」

そして2000年8月、プロレスリングNOAHは旗揚げした。全選手が勢揃いしたセレモニーで先頭に立ち、珍しく声を詰まらせて三沢光晴は挨拶した。

「今日この場から、NOAHは新しい戦いへと出発します。夢と希望を胸にこれからも力を合わせて頑張っていきます！」

新しい団体でコスチュームをロングタイツにしてみたり、テーマ曲を変えたり、伝統を重んじる全日本プロレスからＮＯＡＨに移籍して丸藤自身も自己プロデュースを考えるようになっていた。そしてＮＯＡＨ旗揚げからほどなく、２００１年3月3日、ひなまつりのファン感謝デーに組まれたのが、三沢との初めての一騎打ちだったのである。

■三沢渾身のランニングエルボー

三沢光晴は天才と称された人だった。若い頃は2代目タイガーマスクとしてマスクをかぶり、素顔になってからは当時全日本プロレスで最強だったジャンボ鶴田に挑み続けた。その受け身のうまさ、瞬時の閃《ひらめ》き、技の的確さ、何をとっても超一流だった。三沢が鶴田越えを果たした後に、全日本プロレスは三沢光晴、川田利明《かわだとしあき》、田上明《たうえあきら》、小橋健太の四天王プロレス時代に突入する。いつ終わるともしれない激烈な試合に全国のファンは熱狂し、解説席のジャイアント馬場は涙した。

三沢が天才であったことは疑いの余地もないけれど、レスラーから見た三沢の凄さとはいったいどこにあったのか、丸藤に尋ねてみた。

「ヘビー級なんですけれど、完全にジュニアの動きについてくるんですよ。ちょっとだけじゃなくて、もう完全についてくる。元々（タイガーマスク時代に）ジュニアでやってたってこともあるんでしょうけれど、かといってそれから何年も経って身体も大きくなってるのに全てに対処できる。そういった選手は他のヘビー級の選手にはいなかったですね」

三沢との初シングルにやはり特別な思いはあった、という丸藤だが、「どうすれば三沢さんを倒せるかっていうよりは、その時は驚かせたいっていう気持ちの方が強かった」という。その日、後輩レスラーが先輩レスラーによくやるように、先に入場していた丸藤は後から入場した三沢のためにロープを上げて三沢をリングに導き入れた。と思う間もなく、三沢の背後からドロップキックで奇襲してその試合は始まったのだ。丸藤の思い通り、まずは三沢を驚かせるには充分の、鮮やかな先制のドロップキックだった。

リングの中も、そして外も存分に使い、丸藤はあの手この手で三沢を翻弄する。しかし結局、三沢の手のひらで転がされたんじゃないか、と丸藤はその試合を思い返している。そして丸藤が万策尽きた後、三沢は「思いっきり入れた」と試合後に語る渾身のランニングエルボー2連発で丸藤を完璧に下したのだった。「最後思いっきり来てくれたのは嬉しかった」

と丸藤は言うが、そのエルボーで完全にKOされ立ち上がれなくなった丸藤を三沢がおんぶして花道を帰るシーンは、長くプロレスファンに語り継がれることとなったのだ。

■急逝

このように丸藤の若手時代で思い出すのはたいていが三沢と一緒にいる姿だった。飄々《ひょうひょう》としていてマスコミに対しても臆することがなく話しかけてくる丸藤だったが、そんな丸藤に注がれる三沢の目はいつも親しげで、温かだった。三沢光晴というレスラーとしても人としても魅力的なその背中を見て丸藤は育ち、三沢は自分の全てを丸藤に託すつもりだろうな、と何となく思っていた。もちろんそれはずっとずっと先のことのはずだった。

しかしその日は突然やってきた。２００９年6月13日、三沢光晴はリング上の事故により帰らぬ人となる。

「自分はその時欠場中で東京にいたので、最初にその連絡を聞いてすぐ車で（事故があった）広島に向かおうと思ったんですよ。車に乗って高速に乗って、途中で亡くなったっていう連絡が来て。今から車で行くのと朝一番の新幹線で行くのと時間が変わらないなと思って、引き返しました。混乱したというよりは、見てないから。混乱するまでもいかないというか、ただ信じられない。それだけですね。

翌朝広島で対面をして、その時やっと現実を受け止めて。それまで何も見ていないので」

あの受け身の名手であった三沢光晴がリング上で命を落とすなどということは信じられないことだった。その日そのニュースを私は自らが担当するプロレスニュース番組の最中に知り、手が震え椅子から立ち上がれなくなった。ミサワの死はあっという間に駆け巡り世界中のプロレスラーやファンや関係者がこのニュースに衝撃を受けた。無論、一番身近で三沢の姿を見続けていた丸藤が、「見ないと受け止められなかった」と繰り返していたのは当然のことだった。

その物言わぬ三沢と対面してわき上がった感情は、怒りなのか、悲しみなのか、悔しさなのか、何だったのだろうか。

「悔しさですかね。自分がそこにいなかった、その状況がやっぱり自分でも悔しかった」

■副社長就任

しかし悲しんでばかりもいられなかった。盟主を失った「箱舟」はそれでも航海を続けなければならず、たちまち新しい舵取り役を選ばなければいけない。翌月の取締役会で田上明が新社長、小橋建太が副社長に就任することが発表されたが、誰もが驚いたのはもうひとりの副社長に丸藤正道が就任したことである。

「高校卒業して何かの知識があるわけじゃなく、アルバイトもしたことがない人間が果たして副社長というものになっていいものか。はっきりいってダメだろうという気持ちが9割以上あったんですけれど、そこに俺が推されるっていうことに何か意味があるからだと思うので。何が突然できるわけじゃないけれど、受け止めてやらなくちゃと思いました。のど元まで無理ですって言いたかったけれど、言えなかった」

丸藤ができないと言えないのには、理由があった。三沢光晴夫人の真由美さんから、話をされていたからだった。

「三沢さんと広島で対面した時に、（真由美さんから）今度話があるからって言われたんです。その日に。その時に。で、告別式の時に話をされました。それは俺にどうしてくれってことじゃなくて、『三沢はこういうふうに言ってました』って、僕に将来的にはって、そういう話でした」

三沢光晴の亡きがらと対面した丸藤に、その日、その時、三沢夫人は「今度話があるから」と言った。そして三沢の告別式の時に、将来的に三沢が自分のやってきたことを丸藤に受け継いでほしいと生前話していたことを知った。

「そういう状況でそういう話を聞いたからには、逃げられないと思いました。ただ役員会で『副社長になって下さい』って言われたんだったら無理ですって断ったと思うんですけれど、そういう状況でそういう気持ちを聞いてしまったので」

丸藤正道もまた、天才レスラーと称される人である。その身体能力の高さ、グラウンド技術も飛び技のスキルも高く、またその人懐こさもあって多くの先輩レスラーからもファンからも愛された。176センチ85キロと基本的にはジュニアヘビー級の体格ながらプロレスリングNOAHではヘビー級でも戦うようになっていたため怪我も多かったが、三沢、小橋といった業界の大エースに守られつつも、一レスラーとして自分のプロレス道に邁進《まいしん》していればいいはずだった。

■人としてのスキル

しかし三沢が急逝し、NOAHの看板レスラーだった小橋建太ががんから復帰したものの度重なる怪我のため戦線を離脱しがちになり、丸藤正道やKENTAといった若い選手たちがNOAHの最前線に立つようになる。同時に丸藤は副社長としての業務にも奔走せざるを得なくなった。何かを変えようと思ったか、という問いにはこう答えてくれた。

「変えていこうというよりNOAHというものを存続させていかなくちゃいけない。変わるはずではなかったその状況、変わってしまった現実、でもNOAHを続けて行かなくちゃいけないし、よりNOAHを良くしていかなくちゃいけないし」

レスラーとしてというより人としてのスキルが全然足りなかった、という丸藤は自分の時間を割いて勉強会や異業種交流会に顔を出すようになった。当初はもちろんNOAHのため、会社とはなんぞやということを勉強するつもりが、だんだんそれ自体が楽しくなってきた。

「外の世界に触れる、頑張ってひとつのことを為し得ている人に会うとパワーもらえるんですよね」と丸藤は笑みを浮かべる。でも、今でもリングに専念したいという気持ちはありますか、と尋ねたらしばし考えてこう答えた。

「前ほどは思わなくなりましたけれど、同じ思いを他にはさせたくないなとは思いますね。言い訳になってしまうけれど、プロレスラーになりたくて、プロレスがしたくてこの世界に入ってきたので。やっぱりそこに集中するのが本当は一番じゃないかって思うけれど、それは巡り巡って運命ですからね。そういった（副社長としての）仕事でプロレスラーじゃない部分もスキルアップされていくと思えば後悔はしていないです。まあでもプロレスラーはプロレスに専念するのが一番じゃないかなっていうふうには思います」

■王者・丸藤、挑戦者・三沢

初対決の後も幾度かリング上で向かい合った丸藤と三沢だが、2006年12月10日の日本武道館で行われた一騎打ちは、また特別な意味を持つ一戦となった。

丸藤がヘビー級に進出し、体重を増やし、当時NOAHのヘビー級トップレスラーだった秋山準《あきやまじゅん》からGHCヘビー級という団体の看板のベルトを奪取したのは、この年の9月のことである。生涯ジュニアヘビー級で戦うと思われていた丸藤がヘビー級の王者になったことは大きな驚きをもって受け止められたが、これはNOAHにとってもプロレス界にとっても新しい時代の始まりを予感させた。

海外と団体内で防衛を重ねた丸藤が、満を持して日本武道館大会で挑戦者として迎えたのが、三沢光晴だったのである。年内最後のビッグマッチ、師匠越え、さまざまな期待が高まり、ここで丸藤が防衛すればこの年のプロレス大賞の最優秀選手賞は間違いなく丸藤正道が受賞するだろう。そんな期待がふくらむ中で行われたタイトルマッチだった。

しかし、丸藤正道はふたたび、三沢光晴の前に敗れた。

「自分がチャンピオンで三沢さんが挑戦してくるなんて、自分がプロレスラーになった時には想像できなかったシチュエーションでした。あの日覚えているのは、会場が三沢コールだったんですよ。それがどっちなんだろうってずっと思ってました。みんな三沢さんにベルトを獲ってほしいのか、それとも三沢さんを応援しないと俺に勝てないくらいに俺が追い込んでると思ってるのか」

プロレスファンはたぶんに判官贔屓《ほうがんびいき》な気質で、攻め込んでいる側の選手よりも追い込まれている選手に対して多くの声援は送られる。だからもしこの試合で、三沢が王者で丸藤が挑戦者だったら、その体格、キャリアの差から考えてもおそらく会場の応援は丸藤に傾いたことだろう。

しかしこの日はそうではなかった。若く、体格的には三沢より劣るが新時代を背負って立つであろう丸藤が王者で、既に多くのものを手にしている三沢が挑戦者だった。そしてファンは、三沢の名を呼んだ。その気持ちの揺らぎが、丸藤の敗因だった。

「まだ三沢さんに負けてほしくないっていう気持ちの方が多かったと思うんです。その時自分はまだ、ベルトに対する責任感だとかトップに立つ意味というものをしっかり把握していなかったから、ああいう結果に繋がったような気もするんですよね。どこかでベルトというものが負担になっていて、負けた瞬間にちょっとほっとした部分があったのかもしれないし」

■天才とは何か

結果的に、丸藤にとって師匠越えは叶わぬ夢となった。三沢はこの世を去り、小橋は引退し、2013年には秋山準を始めとする選手5人の離脱があり、良きライバルであったKENTAはアメリカのWWEに入団した。それでも丸藤はレスラーとしてプロレスリングNO

AHの最前線に立ち続け、夜は副社長として奔走している。「自分にはやるべきことやるべき場所があるので」と言う丸藤に、そういえば、天才と呼ばれることに対してどう感じているのか最後に聞いてみた。

「天才ですか？　どこが天才なのか全然わかんないです。俺より凄いことやってる人もいれば、俺より身体が凄い人もいっぱいいるし。俺のどこが天才なのか自分ではわからないです。でも何でしょうね、プロレス云々が天才なんじゃなくて、好きなことをやる天才なんじゃないですかね。技が凄いとか何が凄いとかじゃなくて、俺が自分で好きなことを表現するのが上手いんじゃないですか、あえていうなら」

4人兄弟の末っ子として生まれ、常に先輩や目上の業界の人たちに可愛がられていた丸藤正道は運命に翻弄されて末っ子で居つづけるわけにはいかなくなった。でも、丸藤はその時、その運命を受け入れて、それを楽しむことができる天才だった。「あと現役は5年くらいでちょうどいいかな」とどこまで本気なのかわからないことを言いながら笑う丸藤正道だが、背負われる側から背負う側になったこれからも、きっと絶え間なく自らを表現し続けることだろう。

コラム1　プロレスとメディア

伝説の『週刊ファイト』I編集長

野球やサッカーと同じように、プロレスにもそれを報じるプロレスマスコミが存在する。力道山時代からプロレスと関係が深く、毎年年末には「プロレス大賞」を制定する東京スポーツ新聞や、雑誌では現在唯一の週刊専門誌であるベースボール・マガジン社発刊の『週刊プロレス』。テレビではテレビ朝日系列が深夜に新日本プロレスの中継を続けており、日本テレビは系列のCSスポーツ専門局、日テレジータスでプロレスリングNOAHの中継を行っている。そして1996年には24時間プロレス・格闘技専門チャンネルのサムライTVが、衛星放送のパーフェクTV（現スカパー！）で放送を開始した。近年では動画配信サービス「ニコニコ生放送」でプロレス中継やレスラーのトーク番組を配信している「ニコニコプロレスチャンネル」など、ネットメディアに積極的に取り組んでいる団体も多い。

他のスポーツやエンターテイメントと比べてプロレスマスコミが最も異なる点は、恐らく取材する側とされる側の距離の近さである。例えば棚橋弘至はよく「僕ら選手だけでなく、ファンもマスコミの皆さんも一緒にプロレス界を走っている」という言い方をする。「プロレス界」と言った時のニュアンスに我らマスコミも含まれている、と語るのは『週刊プロレス』編集長の佐藤正行だ。

佐藤はジャイアント馬場やアントニオ猪木の全盛期にプロレスに触れ、中学の頃には将来プロレス記者になろうと決意していた。それというのも、当時愛読していた『週刊ファイト』のI《あい》編集長こと、井上義啓《よしひろ》に強く影響を受けていたからだった。

「『週刊ファイト』のI編集長は当時の青少年プロレスファンに凄く影響を与えたんですよ。『プロレスから何を学んでそれを人生に生き方にどう役立てるか』みたいなことを書いているんですよ（笑）。『猪木の逆境から這い上がる生き方を学ばなければ、プロレスの何を君たちは見ているんだね』みたいなことを書いているので少年たちは『なんだこれは！』って凄く衝撃を受けたんです」

かつてプロレス業界に専門誌は3つあった。『週刊プロレス』と『週刊ゴング』、そしてタブロイド紙の『週刊ファイト』。『週刊ゴング』は2007年に、『週刊ファイト』

は2006年に休刊したため今はないが、それぞれに特徴があり、中でも『週刊ファイト』はいわゆる「飛ばし」の記事と、井上義啓の展開する文学的なプロレス論で多大な影響を与えた。プロレスを見てそこから何を見いだすかを徹底的に論じる「活字プロレス」という言葉、プロレスそのものを表す「底が丸見えの底なし沼」など井上が残した強烈な言葉や思想はその後のプロレスマスコミやファンにひとつの道を指し示し、後の『週刊プロレス』編集長であるターザン山本や、『週刊ゴング』編集長となる金沢克彦など、井上の門下生は多い。

プロレスはいつか卒業するものだと思っていたけれど、それを底なしの沼まで連れて行ってくれたのがI編集長だった、と言う佐藤は、大学生の頃にI編集長からの紹介で『週刊プロレス』の編集部にいたターザン山本を訪ねてアルバイトとしてプロレス記者の仕事を始める。I編集長門下生であり、過激な論説で『週刊プロレス』の全盛期を築いたターザン山本時代の『週刊プロレス』のモットーは「無難なことは悪」だったと佐藤は振り返る。

「でもそれは『週刊ゴング』さんという王道の、まっすぐな媒体があったから、変化球を投げないといけないっていう戦略的なものもあったんですよ。ゴングと同じ表紙には絶対しちゃいけないっていう、そこに週プロのアイデンティティがあった」

『週刊プロレス』が担っているもの

その後2001年に佐藤は『週刊プロレス』の編集長となり、Ｉ編集長イズム、ターザン山本イズムを受け継いで『週刊ゴング』と真っ向から対峙《たいじ》した。週プロ、ゴング、双方の編集長が現場で顔を合わせてもほとんど会話を交わさずピリピリした雰囲気だったことを私もよく覚えている。佐藤が編集長になったのとほぼ時を同じくして、新日本プロレスを不本意な形で解雇された橋本真也《はしもとしんや》がＺＥＲＯ-ＯＮＥという新団体を旗揚げし、大きな話題を呼んだ。『週刊プロレス』はＺＥＲＯ-ＯＮＥを誌面で大々的に取り上げ、佐藤曰く「ビギナーズラックのように」売り上げを大きく伸ばしたのだ。

「やっぱりゴングさんが王道なので新日本プロレスを中心に報道するわけだけれど、じゃあ『週プロ』はＺＥＲＯ-ＯＮＥをやろうと。そこは戦略的にやりました」

その後佐藤は2004年にベースボール・マガジン社内で『週刊ベースボール』に異動になり、2010年に『週刊プロレス』に戻ってきて2度目の編集長となった。しかし第1次の編集長の時と2度目では自分自身のスタンスも業界を取り巻く環境も全く異なっていると佐藤は話す。

「まず自分自身が野球の現場を経験したことが大きかった。当時僕は40歳くらいで行ったんですが、記者クラブとか野球には野球のムラ社会があって、週刊誌なんか毎日取材に来ないいんだからとなかなか入り込めない部分があった。それから野球選手はもちろん取材だとかインタビューは受けてくれますけれど、向こうからは来ないですよね。プロレスラーって向こうから来るじゃないですか。圧倒的に距離感が近いんですよ。プロレス界ってマスコミも含めてプロレス界みたいなところがありますからね。いい業界だなと思います」

加えて第1次編集長時代には存在していたライバル誌が存在しなくなっていた。かつて「無難なことは悪だ」というコンセプトのもと『週刊プロレス』を率いていた佐藤だが、ライバル誌がなくなった以上唯一の専門誌である『週刊プロレス』が真っ当なことを報じなければ伝わらない。かつてはセンセーショナルな記事を書き、波紋を呼ぶことも厭《いと》わなかった佐藤だが、野球の現場でバランス感覚を学んだこと、そして専門誌がたった1誌であることから、今は余計なことを考えずにストレートな誌面作りを心がけているという。

「今はとにかくわかりやすくっていうのはずっと言ってきてます。例えば技の名前ひとつにしても、ずっと見ている人はわかりますけれど、映像ならともかく『週プロ』は文字ですからね。初めて見た人にもわかりやすく、そうでなくても今は団体もたくさんあるし、どこから見ていいのかわからないというのもあるじゃないですか。だからいまは一番基本的な部分を出していくのがいいんじゃないかなと思っています」

たった1誌しかない週刊専門誌で、スポーツ紙各紙も地方取材が減る中で遠方にも取材に行き、プロのカメラマンが撮影し、記者が記事を書き、インタビューをするのが『週刊プロレス』である。プロレスブーム、と言われて久しく、『ゴング』は月刊誌として復刊し、「世の中とプロレスするひろば」を標榜する『KAMINOGE（かみのげ）』というプロレス月刊誌は表紙に加藤浩次や染谷将太が登場し独自のインパクトを持つなど、読ませるプロレス誌は増えている。そんな中でコンビニエンスストアや駅の売店でも販売されている『週刊プロレス』は初心者が一番手に取りやすい雑誌である。

私も初めてプロレスの仕事をすることになった20年前に最初に手に取ったのは、駅の売店に売っていた『週刊プロレス』だった。これからもきっと私のように、プロレスの入り口にとまどいながら立っている新しいファンたちを導く雑誌であり続けるだろう。

サムライTVとネット媒体

一方、プロレス・格闘技専門チャンネル「FIGHTING TV サムライ」、通称サムライTVで開局直後から長くチャンネルに携わっているのが、現在スカパー！放送事業本部でプロデューサーを務めている今野利明だ。今野も佐藤同様、大学時代にアルバイトでサムライTVで仕事を始め、現在に至る。

サムライTVは恐らく世界で唯一の、プロレス・格闘技専門チャンネルである。私は開局と同時にニュース番組のキャスターとなったが、その時に聞かされたのは「プロ野球のように、プロレスも毎日試合結果を流すプロレスニュース番組を放送したい」ということだった。2016年で開局から20年が経

サムライTVで解説する三沢光晴。左は著者

ったが、現在もサムライTVは週に3回の生放送のプロレスニュース番組と試合中継、トーク番組などをプロレスファンに向けて放送し続けている。

「プロレスファンに向けて」と書いたが、プロレスに限らずこういった専門性の高いジャンルで常に問題になるのが、コンテンツのめざす方向がマニアに向けたものなのか、それとも初心者を取り込みたいのか、という点である。基本的にサムライTVは開局当時からプロレスを好きな人に見ていただくコンテンツである、というところに変わりはない。

「その部分で言うと明らかにそうですね。まずスカパー!を見るためには専用の機器が必要というハードルがあり、さらにサムライTVは有料チャンネルで、チャンネル単価が他と比べても比較的高い。広げたいという気持ちはもちろんありますが、どうすればいいのかというのはなかなか難しいところです。それだけに、そのハードルを越えていただいた方に楽しんでいただける番組を提供していきたいと思っています」

地上波と異なり視聴率では判断しづらいサムライTVの場合、視聴者からのニーズを吸い上げるのに年に1度ほど行われる加入者アンケートは重要になる。これまでも専門誌が取り上げないようなインディペンデントのプロレス団体の動向を追う番組や、男子団体と比べて情報が得づらい女子プロレスに特化した情報番組など独自コンテンツをいくつも制作してきたサムライTVだが、いま加入者アンケートで「一番見たいプロレス団体はどこですか」と尋ねると、やはり圧倒的に新日本プロレスとの返答が多いようだ。新日本に関しては現在もテレビ朝日で中継があり、情報もたくさんあるにもかかわらず、だ。これに関しては『週刊プロレス』編集長の佐藤も「年間を通して新日本のビッグマッチがあった号が一番雑誌は売れる」と明言していた。いかに新日本プロレスが圧倒的かをよく示している。

「新日本が頭ひとつ飛び抜けていますけれど、その次となるとサムライでは大日本プロレスとDDTですね。この2つに関してはウチでも『大日大戦』と『DDTドラマティックファンタジア』というレギュラー中継番組を放送しましたが、団体の勢いがついていく時期に、それを届けられる枠があったということは、その一助になれたんじゃないかなというのはありますね」

また今野はサムライTVがこの20年やってきた手応えを強く感じた出来事として、2000年8月のプロレスリングNOAHの旗揚げをあげた。

プロレスリングNOAHは全日本プロレスから三沢光晴を中心とする選手・スタッフ

が独立し旗揚げした団体だが、団体を立ち上げた当初は試合中継を行うテレビ局がなかった。そこでサムライTVが名乗りを上げ、旗揚げ戦から8ヶ月あまり、日本テレビが放映権を獲得するまでレギュラー放送で試合中継を行ったのだ。2000年8月5日、ディファ有明で行われた伝説の旗揚げ戦ではチケットを買えなかったファンのために会場外の駐車場でパブリックビューイングを行い、夏の夜空に大ミサワコールが鳴り響いた。「NOAHの旗揚げを応援できたというのはとても意義があったことだと思います」と今野は振り返る。

力道山時代から、プロレスはメディアと常に二人三脚で歩んできた。新橋の街頭テレビの例を出すまでもなくプロレスはテレビの生中継と共に国民的な娯楽となり、力道山の死後に日本プロレスが新日本プロレスと全日本プロレスに分裂しても、それぞれにテレビ朝日と日本テレビがテレビ中継のみならず会社の株主としても団体をバックアップした。その後プロレス団体は分裂と新興団体の旗揚げで多団体化し、加えてテレビ朝日や日本テレビの中継がゴールデンタイムでなくなった頃にプロレス専門の衛星放送チャンネルとしてサムライTVが開局。そして今や専門局でも追い切れないほどにさらにプロレス団体は増え、そういった団体を中継したりこまめに情報を伝達するメディアとして、「ニコ生」などのネット媒体が存在している。

『週刊プロレス』もサムライTVも当然ながらプロレス業界自体の景気に左右されると同時に、メディアを取り巻く環境によってもその立ち位置が変化せざるを得ない。紙媒体の危機と叫ばれて長い出版業界ではあるが、『週刊プロレス』はそれより早く2001年の8月に「週プロｉモード」としてモバイルサイトを立ち上げている。そのサービス開始を発表した時の『週プロ』の表紙は二つ折りの携帯電話の画像で、「〝瞬間プロレス〟への挑戦！　週プロｉモード、8月開始！」の文字が躍る。週刊誌より早く試合結果を載せ、選手のコメントなども掲載するこのサービスを立ち上げたのは佐藤が編集長になって間もない時期であったが、当然社内からは反発も迷いもあった。

「あの立ち上げの時はずいぶん、そっち（ｉモードサイト）に喰われるんじゃないか、共食いになるんじゃないかっていう恐れもあった。でも上手いこと棲《す》み分けができて業界の中でも週モバ（現在は「週プロｍｏｂｉｌｅ」という名前で運営されている）という存在が認知されている。だから今でもネットの脅威みたいなものはあまりないと思っているんです」

今でも速報性でいえば週刊誌はネット媒体や自社の「週プロｍｏｂｉｌｅ」には敵《かな》わ

ないし、新日本プロレスのように団体自らが公式サイトで試合結果の詳細を速報で載せることもある。ファンもツイッターやブログで写真と共に試合結果を競うように載せる時代だ。そんな時代に週に1度発売される『週刊プロレス』の役割は変わってくるのだろうか、と尋ねると、佐藤は「あまり変わらないような気がする」と答えてくれた。

「『週刊プロレス』の写真はやはりネットでは得られないものなんだろうと思うんですよね。ネットと紙が違うというのはやはりどこか、特にプロレスの場合は野球やサッカーのような結果重視のスポーツと、そうではない部分がプロレスにはあるから。だから雑誌としての需要は思ったほどなくなっていないと思います」

つまり元を正せばI編集長こと井上義啓が提唱した「考えるプロレス」、結果がわかっていてもインタビューや選手のコメントを読んで改めて考えたり、プロがリングサイドで撮影した美しい写真を眺めたりという楽しみ方が、プロレスにはあるのではないかと佐藤は考えている。かつて佐藤がI編集長に「底が丸見えの底なし沼」まで連れて行かれたように、ファンにプロレスについて考えるきっかけを与えるのが、『週刊プロレス』のひとつの役割でもあるのだ。

サムライTVも立ち上げの時には最も新しいプロレスメディアだったが、20年経って新しいメディアと共存しつつ、プロレスマスコミの一端を支えている。２０１３年に開局したニコニコ生放送内のプロレスチャンネル「ニコニコプロレスチャンネル」とはコンテンツを取り合っているわけではない、とサムライＴＶプロデューサーの今野は話す。

「プロレスも団体が細分化して本当に裾野が広がったじゃないですか。サムライができた頃は地上波があって、その裾野をサムライが担当していた。今はそれがさらに拡大していく中で、サムライが追い切れないイベントもニコプロさんで見ることができる。それは団体にとってもファンにとってもいいことだと思うんですね。棲み分けは最初からニコプロさんの方でも想定して話を進めて下さっているという認識です」

サッカーや野球のようにコンテンツを取り合って放映権料が上昇する、というところまでプロレスはまだ来ていないので、お互いの棲み分けを尊重しながら放送している段階であるようだ。

プロレスがいい時も悪い時も、プロレスマスコミはプロレスと寄り添ってきた。そして「いつかは卒業すると思っていたプロレス」を、もっと深く、またはもっと幅広く楽しむ見方を教えてくれるのも恐らくプロレスを報じるメディアの役割なのだろう。プロレスは考える材料があるから面白い、という佐藤は最後にこう言った。

「プロレスも『週刊プロレス』も携わる人は入れ替わっていく。でも、『週刊プロレス』が存在することによって、プロレス業界も潤うことの一端を担えると思ってるんですよ」

私もその、プロレスメディアの片隅でプロレスが、そしてプロレスラーが潤う一端を担い続けたい。

第2部

女子プロレスラーという生き方

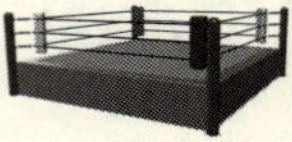

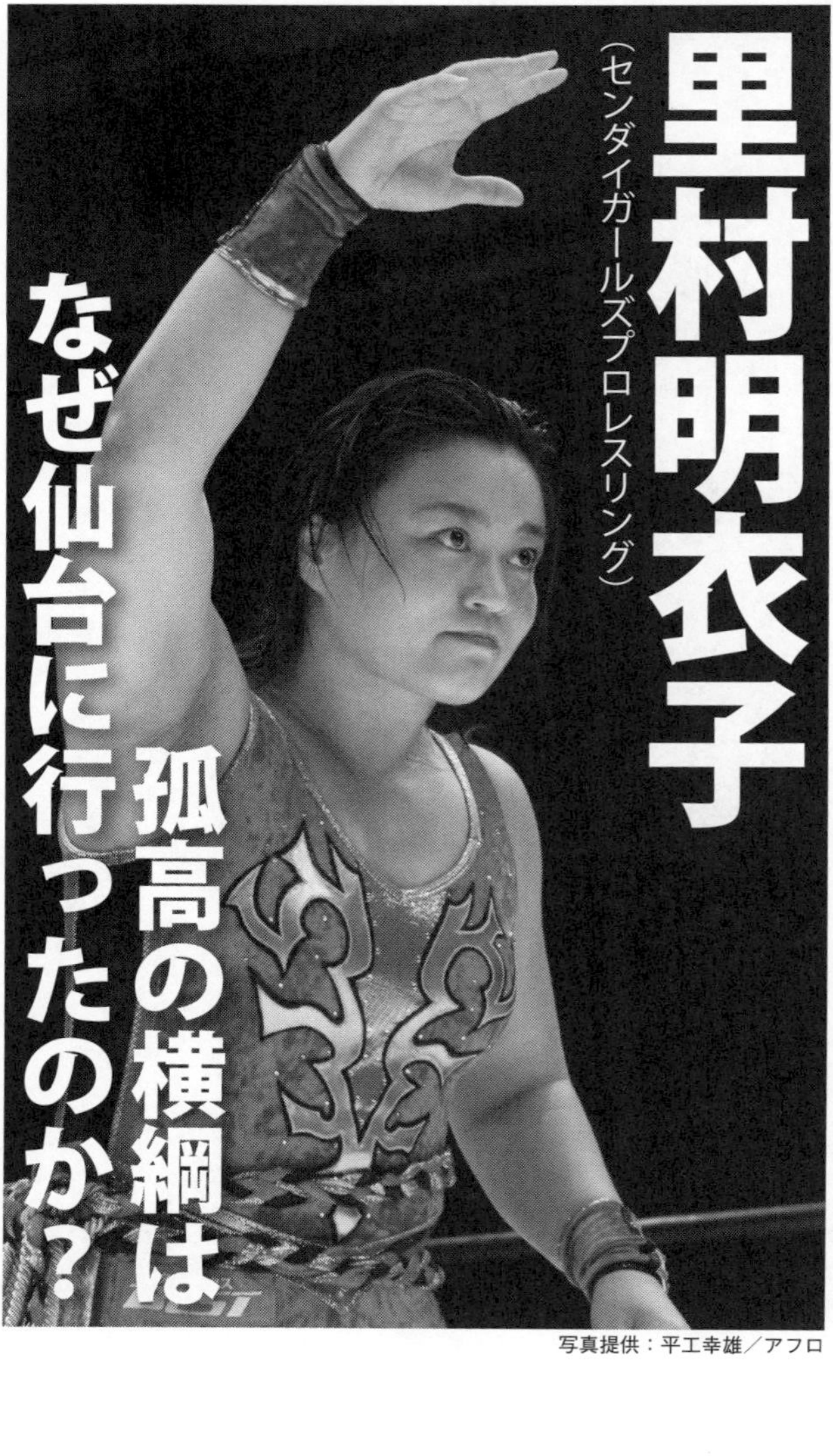

里村明衣子
（センダイガールズプロレスリング）
孤高の横綱は
なぜ仙台に行ったのか？

写真提供：平工幸雄／アフロ

MEIKO SATOMURA

里村明衣子● 1979 年 11 月 17 日新潟県生まれ。中学卒業前に長与千種が旗揚げした新団体、GAEA JAPAN（ガイア・ジャパン）の入門テストに断トツの成績で合格、1994 年入団。2001 年に AAAW シングル王座戴冠。GAEA JAPAN 解散後の 2006 年仙台でセンダイガールズプロレスリングを旗揚げ。誰もが認める女子プロレス界の横綱。

■世界初の女子のプロレスを！

里村明衣子《さとむらめいこ》ほど、孤高という言葉が似合う女子プロレスラーはいない。

壮大なテーマ曲が流れ、ゆっくり里村が花道を歩いてくる。157センチとレスラーとしては決して大きくない身体が、遥かに大きく見える。和服をモチーフにした真っ赤な重厚なガウンの両手を広げ、会場を見回す。そしてリングイン。対戦する誰もが「とにかくまずはあの目が怖かった」と口にするほどの眼力で、相手コーナーの選手を射すくめる。

けれどいま私の目の前に座っているのは、おっとりとしたよく笑う女性である。その大きな目はリング上同様に魅力的だが、その柔らかな雰囲気はリングの上とはかけ離れている。

「当たり前だと思っていました」

そう言って里村はにっこりと微笑む。私が、「誰が見ても長与《ながよ》選手の後継者と目されることについて、喜びやプレッシャーはあったのか」と尋ねた時のことだ。その言葉の強さと、穏やかな声のギャップに、返す言葉が見あたらない。彼女は常に私の問いに淀みなく、はっきりとした言葉で答えてくれる。

里村明衣子は1995年、長与千種《ちぐさ》率いるGAEA JAPAN（ガイア・ジャパン）で旗揚げと同時にデビューし、「脅威の新人」と言われたGAEA1期生の中でも図抜けた存在だった。あれから20年が経ちいま、彼女は仙台で「センダイガールズプロレスリング」という女子団体を率いている。東京から離れ新人を育て、同世代の選手とも距離を置いて、ひとり女子プロレス界の横綱として静かに君臨している。

新潟で生まれた里村は、中学生の時に姉に連れられて新日本プロレスの試合を観戦するまで、プロレスというものを知らずに育った。これもまた姉の影響で3歳から柔道は習っていたものの、争いごとや喧嘩は嫌いで、ずっと女優になりたいと願っていた。そんな少女が新日本プロレスを見た瞬間に「ああ、この世界しかない！」と心動かされて、次の瞬間に考えたのがこれだった。

「世界で初めての女子のプロレスを作ろうと思ったんです」

プロレスの存在自体を知らなかった里村は、当然女子プロレスというものが既にこの世にあることも知らなかった。しかしいくら知らなかったとはいえ、14歳の少女が世界で初めての女子のプロレスラーになるんだ、と決意するあたりに既に里村の非凡さが見える。里村はこれまでも、女子の柔道部がなかった中学に女子柔道部を自ら設立したことがあり、少女の頃から自らの手で運命を切り拓いていく強さがあった。

■長与千種の後継者

女子プロレスが存在していることをにわかには信じられずにいた里村は、すぐさまレンタルビデオを借りに走った。そして借りてきたビデオで1993年、全日本女子プロレス横浜アリーナ大会で行われた伝説の北斗晶《ほくとあきら》vs神取忍《かんどりしのぶ》を見たのである。壮絶な喧嘩マッチとなり、今にいたるまで語り継がれるこの試合を見た里村は衝撃を受け、この世界に自分も身を置きたい、と決意したのだった。

それから里村は自力でトレーニングに励んだ。親に反対されても、その反対する親の目の前で黙々とスクワットをやり続けたという。当初は老舗の全日本女子プロレスをめざしていた里村だったが、たまたまテレビ番組に出演していた長与千種が新団体を設立すると話していたのを見て、「全く新しい団体だから、選手が好きなように練習できて、自由な環境をイチから作ることができる」という部分に惹かれてその団体をめざすことにした。

そして里村は、その新団体、GAEA JAPANで、「人数が少ないからすぐにトップになれる」との名言を残して、中学を卒業する前に入門テストに断トツの成績で合格したのだった。

ＧＡＥＡは新人選手にそれぞれ青や黄色、緑といったイメージカラーを与えていて、選手はその色のコスチュームに身を包んでいた。里村明衣子が与えられた色は、赤。それは団体創設者である長与千種が、クラッシュギャルズの頃から身につけていた色であり、誰の目にもこの一番若い、まだあどけない少女が長与千種の後継者であることを強烈に印象付けた。同時に里村は、同期の中からひとり選ばれて長与千種の付き人にもなっていた。

同世代の少女たちの中でひとりだけ特別扱いをされて、当然喜びもあるだろうが、居心地が悪かったりプレッシャーだったりはしなかったのか、と尋ねた時に、冒頭の「当たり前だと思っていました」という答えが返ってきて驚いたのだが、聞いてみればそれは当然すぎる出来事だった。

■「あの赤い子」と呼ばれた寵児

彼女はＧＡＥＡを受けるまでに自宅でトレーニングに励み、最終的にはスクワットが１５

00回できるようになっていた。スクワット1500回というのがどれだけの量かといえば、新日本プロレスの入門テストのメニューで課せられるのが500回である。里村がどれだけ自分を追い込んでいたかがこの数字だけでもわかるのだが、「当時獣神《じゅうしん》サンダーライガーさん（新日本プロレス）がインタビューで毎日スクワットは3000回おやりになってたとおっしゃってたので、本当はせめて2000回はできるようになりたかったんですよ」と里村は当時を思い出す。

しかし、入門テスト当日、30人以上いた入団希望者に課せられたスクワットは、200回だった。

「えっ、て思って。こんなの楽勝じゃん、と思って、楽勝で終わったんですよ（笑）」

しかし里村以外の希望者たちは100回あたりでもう続けられなくなっていた。そんな他の受験生を見て里村は憤っていた。こんなものかプロレスラーをめざす奴らは。プロレス舐《な》めてるのか。絶対私は彼女たちとは違う、入門したらすぐデビューできるように、完璧に自分を仕上げて入門するんだと、ひとりで怒っていた。

周りを畑に囲まれた、横浜郊外にあるGAEA JAPANの道場に入門した後も彼女には迷いが全くなかった。親元を離れてのいきなりの共同生活、しかも自由な時間もほとんどない。しかし全く彼女はそこに不満はなかった。「全てが自分の理想の環境だった」と彼女は言い切る。道場があり、そこに住み、朝から夕方まで練習漬けで、掃除・洗濯も自分でやって、という生活こそが、里村が憧れたプロレスの世界だった。プロレス入りする決意を「プロレスの世界で修行したいと思った」という里村にはただ強くなる、この世界でトップに立つ、ということ以外のものは必要なかった。

長与千種は100パーセント以上の愛情を団体に対しても選手に対しても注いでくれた、と里村は言う。1日の練習が8時間あるうちの、必ず2時間近くは長与の語りだった。プロレスとはどういうものか、プロレス雑誌を見ながら、例えばこの手だけでいったいこの選手はどれだけのことを表現できているのか、なぜいま自分はこのことに対して注意をしているのか、その思いを長与は余すことなく選手たちに伝えようとしていた。

「でも私はいまその反対で、会議とか凄く短くて10分15分で終わるんですよ。みんなに『もっとちゃんとして下さい』って言われるくらい短くて。やっぱり長与さんの話はありがたかったけれど、ちょっと長くて辛かったんですよね（笑）」

そんな長与の愛情を一身に受けて育った里村は、あっという間に女子プロレス界の寵児《ちょうじ》となった。そのコスチュームから「あの赤い子」と呼ばれた里村は次第に若手といったくりを超えて、デビル雅美《まさみ》、北斗晶といった大ベテランと戦う場面が増えていく。しかしそれも彼女にとっては当然のことだった。2001年にはこの先も彼女のレスラー生活において常に壁となって立ちふさがるアジャ・コングに勝利して、団体の頂点であるシングルのベルトを巻いてチャンピオンになる。

■プロレスから離れて

しかしその後女子プロレス団体を取り巻く環境はどんどん悪くなっていった。老舗の全日本女子プロレスは多角的経営の失敗から資金繰りが悪化し2005年に解散。GAEAも1期生以降の新人選手が定着せず、クラッシュ2000として復活していたライオネス飛鳥《あすか》、長与千種の2人が再び引退するなどの原因が重なり同じく2005年に解散した。

GAEAが解散を決めた時、里村は椎間板ヘルニアを悪化させて病院のベッドの上にいた。眠れないほどの激痛、所属団体の解散とドン底にいたはずの里村だが、「なんかいいことありそう、なんかいいことありそうだって毎日バカみたいに思っていた」という。三沢光晴や髙田延彦、宮戸優光《みやとゆうこう》などプロレスラーの自伝を読みあさり、「どこの団体もダメになる時は同じような事情を抱えているんだな」と思いながらも、自分が何とかすれば大丈夫だと信じていた。

しかし同時に、里村はGAEAが解散した後はプロレス界から少し距離を置こうと考えていた。里村ほどの若く才能がある選手のことを当然業界は放っておくはずもなく、団体の解散前から里村の元にはいくつも話が持ち込まれていた。だが里村は同じようなメンバーとまた団体をやるつもりは一切なかった。

「もう正直冷め切っていたんですね、その時。私は何かを、今からでも変えられる自信はあったんですよ。でも他の選手とやっていくつもりはなかった。このメンバーとは絶対にやっていかないと決めていたけれど、でもひとりではどうにもできない。だからちょっと離れようと思ったんです」

15歳からプロレス入りしてちょうど10年が経っていた。里村は海外に語学留学をしようと決意した。同時に海外選手との交流を持ち、何年か後に帰国したらそういった選手たちと日本でプロレスができるような場を作りたい。そんな漠然とした構想が彼女の頭にはあった。

■新崎人生との出会い

しかしそこで思わぬ出会いが訪れる。東北を中心に活動する男子のプロレス団体、みちのくプロレスの新崎人生《しんざきじんせい》との出会いだった。

新崎はお遍路さんスタイルという特異なキャラクターを持つプロレスラーで、日本だけでなくアメリカのメジャー団体WWF（現在はWWE）でも活躍した人気レスラーだ。里村に出会ったのは新崎がみちのくプロレス創設者であるザ・グレート・サスケからみちのくの社長を引き継ぎ、社長兼レスラーになって2年が経った頃だった。

GAEA解散の2週間前に長与千種が「That's エンプロ」というプロデュース興行を行った。長与自身が初めての男女ミクスドタッグ、しかも蛍光灯デスマッチに挑んだり、エンターテイメント性の強い試合があったりとユニークな興行だったが、その大会のセミファイナルで新崎人生&里村明衣子組というタッグが組まれたのだった。それが新崎と里村の初対面だった。

「その日の試合後です。リングの片付けをしている時に人生さんに呼ばれて、『これからどうするの？』って言われたので、『語学留学に海外に行きます』って言ったんですけれど具体的にはまだ決まっていなかったんですね。そしてGAEAが解散した二日後にまた呼ばれて、お話をされたんですよ。『仙台で会社を作ろうと思うんだけれど、協力してもらえますか』って」

新崎は当時のことをこう振り返る。

「僕の中にはもともと新しい団体を作る構想なんてなかったんですよ。ただ長与さんの興行が初対面だったんですけれど、里村ほどの才能がある選手がいなくなってしまうのはもったいない。だったら自分が会社を立ち上げて、日本に、このプロレス界に里村を残したいと直感的に思ったんですね」

新崎に呼ばれた里村は、その席で新しい女子プロレス団体の構想を聞いた。仙台に本拠地を置く。レスラーは里村ひとり、後は全国から新しい選手を集める。これまでいくつも持ち込まれた新団体の話にはまるで心を動かされなかった里村が、その時は運ばれてきたコーヒーを飲み終わる前に「やります」と返事をし、そして新崎もその場で「じゃあ今から行こう」と席を立ち、協力してくれるであろう出資者の元を里村を連れて廻ったのだった。

里村の才能が、新崎に新団体立ち上げを決意させ、新崎の本気が、里村の心を動かした。

これが、日本で初めてのローカル女子プロレス団体、センダイガールズプロレスリングの始まりだった。

■地元密着の経営

新潟で生まれ育ち、15歳で横浜郊外のGAEAの寮に入り解散までをそこで過ごした里村にとって、仙台は縁もゆかりもない土地だった。加えて、前述した通り当時は全日本女子プロレス、GAEA JAPANという2大女子プロレス団体が解散したばかりで世間の女子プロレスへの風当たりは強かった。しかし「新しいことを作るのが私の中では昔から好きだった」と語る里村の中には、不安もあったがそれ以上にワクワク感の方が強かったという。

一方、新崎の中には新団体への明確なコンセプトがあった。里村に出会ってから女子プロレスについては勉強した、という新崎だが、既存のレスラーに頼るのではなく、里村のカラーだけでやりたいと当初から思っていたという。「僕は宝塚のようなコンセプトがいいなと思っていたんです」と新崎は語るが、既存の、男性ファンに頼る団体経営ではなく、もっと幅広いファン層に受け入れられなければ女子プロレスの未来は拓けないと考えていた。

加えて、仙台には楽天イーグルスやベガルタ仙台といった、既に地元に愛されているメジャースポーツがある。センダイガールズも野球やサッカーと同様に、「地元の選手」が「外からきた選手」を迎え撃つ、という対立構図を明らかにすれば、みな地元の選手を応援してくれる、と新崎は考えた。もとより日本のプロレスは「日本人選手」が「外国人選手」を迎え撃つ、というところからスタートしているので受け入れられやすい。テレビのバラエティ的な扱いはあえて全部断った、と新崎は語るが、里村の持つアスリートとしてのストイックさは、新崎が考えていた競技としてのセンダイガールズの構想にちょうど合っていたのだ。

■ある時は寮のおばさん、ある時はレスラー、ある時はお母さん

しかし新人選手の育成は里村にとって思った以上に大変だった。「GAEAの時は恐らく10年間で40～50人は辞めていると思う」と言うほどにプロレスラーの新人育成は難しい。加えて新団体の旗揚げということもあり、ひとりでも欠けてしまったら団体として成り立たなくなってしまう。GAEAの時にはただひとりのレスラーとして後輩の指導しかしてこなかった、心のケアなど全く考えなかった、という里村が、わずか26歳にして「あるときは寮の

おばさん、ある時はレスラーとして、ある時はお母さんとして」、15歳や16歳の少女たちを預かる身となったのである。

名選手、名コーチにあらず、というのはどのジャンルでもよく言われることだが、里村の場合はまた別のところに悩みがあった。多感な、しかも学校ではちょっと問題を抱えたような少女たちも多く集まってくる場をうまくコントロールしつつ、全くの初心者にプロレスを教え、団体を旗揚げさせなくてはならない。「心のケアの部分が8割だった」と里村は当時を思い出す。

「練習の面では旗揚げ戦に向かってガッとやれば、毎日毎日どんどんみんなできるようになるんです。でも精神的なものはそうはいかない。何か寮で人間関係がおかしくなったりすると、次の練習にそれが影響してしまう。仕事と、人間関係をみんな分けられないんです」

時には親御さんに頭を下げたり、リング上でつかみ合いになる若手たちを引きずり降ろしたりしながら、里村は新人選手を教え続けた。そして、2006年7月9日、里村明衣子と里村が教えた新人選手4人のセンダイガールズプロレスリングが、仙台サンプラザで超満員のお客さんを集めて旗揚げしたのだった。

■センジョは復興のシンボル

現在は団体の代表職も新崎から里村が受け継ぎ、選手としての自分と、コーチとしての自分、さらに経営者として、団体の顔として支援者やマスコミの対応に日本全国を走り回っている。２０１１年の東日本大震災では彼女たち自身が被災し、人的な被害はなかったものの道場は閉鎖。選手は全国に散らばって他団体に参戦しながらプロレスを続けた。みちのくプロレスがそうだったように、センジョは仙台にとってひとつの復興のシンボルとなり、現在も復興支援活動を続けている。

私は東京から離れて仙台に里村がいることこそが、彼女の最大の魅力である孤高さ、群れない強さに繋がっていると思った。そして彼女自身も、「交通費がかかることを除けば（笑）」、仙台にいることのメリットは「全部ですね」と言い切る。

「離れていることのメリットは全部です。全て良かった。離れているのが一番いい。別の土地でやっているということは、ファンがどれだけつくかというのが、目に見えてわかるんです。数でわかります。頑張れば頑張るほど地域の皆さんが応援してくれますし、力が及ばなければ離れてしまう。すごくわかりやすいです」

センダイガールズは「プロレスのファン」ではなくて、「センジョのファン」を作ってきた。たびたび仙台の小学校で講演活動を続けている里村だが、ある小学校で「センジョのこと知ってる人、手を挙げて」と語りかけたら、8割以上の小学生がセンダイガールズプロレスリングを知っていたという。仙台では、地元のテレビ局のニュース番組でたびたびセンダイガールズの活動は取り上げられている。それも新崎がかつてめざしていた通り、バラエティ的な扱われ方ではなく、「楽天イーグルスの試合結果の後に、センジョのニュースを流して下さる」といった具合に、あくまでも地元で活動をするプロのアスリートたち、という捉え方である。これは東京ではなかなか難しいことだ。

■1回1回が勝負

しかし同時に、プロレスの興行を見慣れているファンであれば「今日はあまり面白くなかったけれどどこういうこともあるか」で許されることが、それまでプロレスを見たことがなかった人に対しては許されない、という厳しさがある。センダイガールズによってプロレスを初めて見る人たちがいる。1回1回が勝負である。

「プロレスファンではない、一般の、何も興味がない人が見ることによって、やはり技のひとつひとつが甘かったり、育成の甘さが出てしまうと厳しい目で見られてしまう。だから妥協ができないんです」

センダイガールズも旗揚げ以降、なかなか新人選手が増えずにいた。また手塩にかけて育てた選手が、退団してしまうケースもたびたびあった。センダイガールズに限らず、プロレス団体にとっては男女を問わず新人選手の獲得と育成こそが団体を続けていくに当たって一番の大きな課題であると同時に一番難しい問題である。その難しさを団体の大小を問わずどの団体も抱えており、そして正直、コストもかかる。練習生を寮に住まわせ、生活の面倒を見て、練習を教え、デビューさせ、そして彼ら彼女たちが自分で稼げるレスラーになるまでは何年もかかる。思いはなかなか届かない。

「でもそれに期待し過ぎて依存していたら、自分は続けていけないと思うんです。自分の持っているもの全てを私は教えるつもりで。それで納得できなくて辞めたりとか、他の団体に行ったりとかでも全然いいと思うんです」

■里村自身の変化

団体代表を里村に譲った後も、経営のことや団体の状況などの報告をたびたび受けているという新崎も、里村の変化を如実に感じ取っていた。

「代表が里村に変わって一番の収穫は、若い入団希望者が集まってくるようになったことなんです。そして里村自身の考え方も変わった。やはり一選手としてだと、どうしても自分がプロレスラーなわけですから選手としての考え方になる。それが彼女はいま、一選手から団体経営者としての考え方をするようになってきているんですね。それが何より団体にとっていい方向に向かっていると思います。雑談していても里村変わったなあと実感することがよくありますよ」

ＧＡＥＡ時代には1日8時間練習していた、という里村もなかなか自分の時間を取れない状況だが、「今はもう若い選手の成長が、自分の喜びになっている」と笑顔を見せる。かつて長与が「１００パーセント以上の愛情を団体に対しても選手に対しても注いでくれた」のを一番近くで目の当たりにして育った里村は、いま自分が、持っているもの全てを若手に授けようとしている。

その強さ、孤高さこそが里村明衣子の最大の魅力であることに変わりはないが、いまの里村にはセンダイガールズという家族がいる。里村から遥かに年下の後輩によると、「里村さんはリングの上ではあんなに怖いのに、リングを降りると案外天然なんです」という可愛らしい一面も見せているようだ。ただこの業界のトップに立つこと、そして自分自身が強くなることに24時間を捧げていた里村明衣子も近寄りがたくてカッコ良かったが、いまの里村にはそれを上回る魅力がある。

自分自身がプロレスラーであり続けること、そしてセンダイガールズプロレスリングを率いていくことに揺らぎはないです、とはっきり言う里村だが、こう付け加えることも忘れなかった。

「でも例えば明日誰かと出会った。何かが動くかもしれないですからね（笑）」

姉に連れられてプロレスに初めて出会って、里村明衣子の運命は動いた。そして新崎人生に出会ったことで、センダイガールズプロレスリングは生まれた。里村が明日出会う人が、里村にとって、そしてセンダイガールズにとってまた新しい運命を切り拓くきっかけになればと私は願っている。

突拍子もない革命家

さくら えみ（我闘雲舞）

写真提供：共同通信社

EMI SAKURA

さくらえみ●本名：元川恵美。1976年10月4日千葉県生まれ。1995年男子団体であるIWA JAPANでデビュー、FMW、フリーを経て2002年に我闘姑娘（がとうくうにゃん）を、2006年にアイスリボンを旗揚げ。退団後、2012年にタイのバンコクで女子プロレス団体我闘雲舞（がとーむーぶ）を旗揚げ、プロレスと並行してアイドル活動も行っている。

■スタートは極北の地

さくらえみは言葉を持っているレスラーだ。私があちらこちらで引用し、飯伏幸太を語る上で最も美しい言葉、「夢が人の形している」も、元はと言えばさくらが飯伏を見てつぶやいた言葉だった。

「アイスリボンのキャッチフレーズ『プロレスでハッピー』はやめることも含めてです。ファンの人が見なくなることも含めて、関わった人がみんなハッピーになれればいいと思っています。だから、引退される方の花道を、すごく幸せなものにしたいという思いが強いです」

「今いるみんなが、今、いい思いをするためにみんなで努力していかなければいけない。3年後の私たちのためにみんなの青春使ってとは言えないので。今のメンバーが楽しくプロレスできる環境をいち早く作っていきたい、そう思ってます」

これらはみな、さくらえみが試合後に語ったり、ツイッターでつぶやいた言葉である。私の心の中に深く刻まれていて、誰かが引退したり、転機を迎えたレスラーがいるたびに思い出すのだ。

2015年でデビュー20周年を迎えたさくらえみは、「女子プロレス極北の地」と言われたIWA JAPANでデビューした。そもそもIWA JAPANは女子プロレス団体ではなく、当時は過激なデスマッチが売りの男子団体である。「たまたまテレビで見て面白そうだったから」、プロレスラーになりたいと思ったさくらだったが、あちらこちらの女子プロレス団体に履歴書を送るも新人を募集していなかったりオーディションに落ちたりで、ようやく受かったIWAには女子の選手はさくらを含めても2人しかいなかった。

「練習生だった時にガラスデスマッチのセコンドに付いた時があったんですよ。その時はあり得ないくらいに業界が熱狂していて、手を繋いでお客さんがリングに来ないようにガードしていても押し寄せてくるんですよ。でも男の人たちが血みどろで戦っていて、『これ私が憧れていたプロレスと違う！』と思って。何でこんなところに来ちゃったんだろうと思ったのはありますね。IWAは女子はいないし、技は思った以上に痛いし。なんかおかしいとずっと思っていたんですけれど、その時は生き延びるのが精一杯でした」

団体内唯一の先輩と毎回試合を組まれては負け続けるさくらは、物珍しさもあって徐々にプロレスファンの間で知られるようになっていた。彼女は「カルトヒロイン」と呼ばれ、業界最大手の全日本女子プロレスにもレギュラー参戦するようになる。その後、ＩＷＡ ＪＡＰＡＮを退団してＦＭＷに参戦するも、ケガで欠場している間に団体が倒産してしまった。

■小学生にプロレスを教える

「全日本女子に参戦していた頃はフジテレビの中継があったのでそれにも出ていましたし、ＩＷＡで川崎球場やＦＭＷで横浜アリーナなど大きな会場にも出て、もうプロレスである程度楽しい思いもさせていただいたので辞めようと思ったんですね。でも社会に何かプロレスで貢献できることないかなって思った時に、たまたま当時住んでいた家の隣の学校で、生涯学習の先生を募集していたんですよ。そこでプロレスを用いた『アクション体操』っていうのを思いついて、始めたんです」

放課後にマットを使って、プロレスの準備運動や、ドロップキックなどを子供たちに教える。そして子供たちだけでなく、その子供を引率してきたお母さんの中からも、一緒に練習するメンバーが出てきた。「プロレスやりたい人って、きっとどこにもいるんですよ」とさくらは笑う。そしてさくらは、そんなアクション体操に通う子供たちを集めて、２００２年に「我闘姑娘（がとうくうにゃん）」というプロレス団体を旗揚げしてしまったのだ。

子供たちをプロレスラーとしてデビューさせる。当然プロレス業界内からは大反発された。プロレスラーとは選ばれた人間が、道場での過酷なトレーニングを積んでようやくなれる職業だ。誰もがそう考えていたからだ。けれどさくらの考え方はごくシンプルだった。

「プロレスに対する疑問があったんですよ。プロレスってプロしかやっちゃいけないのかなって。野球だったら少年野球、サッカーだって少年サッカーがあるじゃないですか。なんでプロレスにはそれがないんだろうって」

「プロ」にならないとプロレスができないのはおかしいんじゃないか。サークル活動のように、プロレスを習ったりやったりする場所があってもいいはずだ。団体の解散や自身のケガなどが相次ぎ、改めてプロレスというものに向き合いさくらが出した答えが「アクション体操」と名付けたプロレス教室で、そのプロレス教室に通う子供たちの中から、恐らく世界初の小学生女子プロレスラーが誕生したのだった。

プロレスを見たこともない少女たちに、さくらは果たしてどうプロレスを教えていったのだろうか。彼女たちは、自分の友達を、殴ったり蹴ったりすることに抵抗はなかったのだろうか。

「最初にそれは教えなかったんです。ドロップキックとか、ボディアタックとか、カサドーラ（メキシコ式の飛びつき前方回転エビ固め）とか。技をやる楽しさだけを最初に教えたんです。サッカーだって最初にゴールの練習したら楽しいじゃないですか。だから楽しいことだけを最初に教えました」

プロレスラーになるために受け身を100本やる、スクワットを3000回やる、そういった考え方から遠く離れて、さくらえみはプロレスの楽しさだけを子供たちに教え込んだ。辛いことばかりを最初にやらなければいけない理由を、さくらは子供たちに説明できないと感じたからだ。それは同時に、プロレスラーになりたい人間の間口を狭めているとさくらは思っていた。

■「見るよりやった方が楽しい」

同時にさくらは、リングを使わないプロレス、「アイスリボン」というプロジェクトを立ち上げた。これは少女たちになるべくたくさん試合の経験を積ませたいからで、自前のリングもなく、会場費を抑えるために、小さな会場でマットだけを敷いてプロレスの興行を行った。当然これも大反発を喰らった。人が誰もやらないことをやると、既存の関係者からは反感を買う。リングもないところで、子供たちが試合をするなんてあんなものはプロレスとは認められないと、非難する声は大きかった。彼女は間違いなく、プロレス界の革命家だったが、そういうイメージからは正直ほど遠い。

「例えば私がやっていることを里村明衣子さんがやったら批判されないと思うんです（笑）。人徳ですね。やっぱり狡《ずる》いとか、ペテン師とか、私のプロレスのファイトスタイルにも通じますけれど正面から行かないじゃないですか。そういうのが嫌いな人はやっぱり凄く多いとは思います」

反発もされたが、さくらのそんなアイデアを面白いと思うレスラーもいた。豊田真奈美《とよたまなみ》、高橋奈苗《たかはしななえ》（現奈七永）といったトップ女子レスラーたちが、リングもない、ロープもない、コーナーもない環境を逆手にとって、観客との距離が数十センチという中でものすごい試合をした。自分は決してトップに立てる人間ではない、と言い切るさくらが、自分がこのプロレス界で生きていくために考えた方法は、確実に女子プロレス界に一石を投じていた。

その後、組織再編でさくらほか多くのレスラーはアイスリボンに移籍という形になり、さくらはアイスリボンのエースとして、団体内では少女たちや「プロレスサークル」と名付けられたプロレス教室からデビューしたレスラーたちの壁になった。「見るよりやった方が楽しい女子プロレス」のキャッチフレーズで彼女は「プロレスサークル」にＯＬ、学生、女優志望の女の子たちを誘い、そしてそんなサークルに通う女性たちの中から多くの女子プロレスラーが誕生した。かつては小学生ばかりがマットで試合をしていたアイスリボンも所属選手が増え、リングを使用した試合も増えていく。

■「知ってもらえないのは存在していないのと同じ」

一方、さくら自身は他の女子プロレス団体から引っ張りだこになっていた。さくらえみは決して体格的に恵まれたレスラーではないが、頭の回転が早く、また言葉も持っていたため、既存の団体に乗り込んでは痛いところを衝き、みな反論できない間にあれよあれよとさくらのペースに巻き込まれていく。２００９年にはＮＥＯ統一二冠、ＪＷＰ認定タッグという別々の団体のシングル、タッグのベルトを獲り、さらに所属団体であるアイスリボンのＩＣＥ×60王座のベルトも奪取。その個人としての功績と、他のどの団体とも違うアイスリボンという団体を切り盛りしていることが認められ、東京スポーツ新聞社が制定するプロレス大賞の中の、女子プロレス大賞を受賞した。この年までずっと女子プロレス大賞に関しては「該当者無し」が続いており、実に6年ぶりに女子プロレスは陽の目を見ることができたのだ。かつて極北の地でデビューし、カルトヒロインと呼ばれたさくらえみの力で。

翌年にはさくらはUｓｔｒｅａｍで配信する「19時女子プロレス」を立ち上げる。これは平日の19時から、無観客の道場で行われる試合を、当時最も注目を集めていたメディアであるUｓｔｒｅａｍで全世界に向けて発信する試みだった。彼女は特にインターネットに詳しいわけでもなかったのだが、当時アイスリボンに入団した帯広《おびひろ》さやかに試合の経験をたくさん積ませたいから、という理由で、パソコンと悪戦苦闘しながらも、新しいメディアに乗せて女子プロレスを世界に送り出した。

さくらの原動力になっているのはとにかく、「女子プロレスを知ってほしい」という一念だった。私はこれまで彼女が繰り返し「知ってもらえないのは存在していないのと同じことだ」と言うのを聞いている。彼女はツイッターやブログの使い方が巧く、女子プロレスラーの中では非常に発進力のあるレスラーとして認識されている。そしてｍｉｘｉのコミュニティやこのUｓｔｒｅａｍなど、新しいメディアの使い方も巧みだった。「19時女子プロレス」もアカウントがいきなり停止されたりと困難もあったが、それでも彼女はめげなかった。

「でもそれはプロレス専門誌に載らない、取材もしてもらえない、発信しても手応えがないっていうのをずっと感じていたからです。雑誌に載っていたらやらなかったと思う。自分で発信するしか手段がなかったからなんです」

２００５年に全日本女子プロレスとＧＡＥＡ ＪＡＰＡＮが解散し、女子プロレスは長らく冬の時代が続いていた。「女子プロレスってまだやってるの？」と専門局で仕事をしている私も聞かれることが当時はよくあった。しかし、女子プロレスはここにある。私たちがやっている。それをさくらはありとあらゆる手段を使って、声の限りに叫び続けた。他の誰もがやらないやり方で。

■突然タイへ

しかし突如、さくらえみは自身が立ち上げたアイスリボンを辞めてしまう。２０１２年初頭のことだった。理由は「一身上の都合」とされていて、改めて聞いてみても「自分でも忘れてしまったかもしれないです」と笑う。当時さくらより若い選手たちも確かに育ってきていた。アイスリボンも、そしてさくらも、それぞれ別の道を歩む時がきていたようだった。

そしてその1ヶ月後。さくらえみは、タイにいた。全く唐突に、タイに女子プロレスの団体を作る、と言い出したのだ。少女たちをプロレスラーとしてデビューさせた時、リング無しでマットの上でプロレスをやると言い出した時、確かにこれまでもさくらの突拍子もないアイデアに何度も驚かされてきた。しかし今回は遂に日本を飛び出してしまったのである。

なぜタイなのか、と当時繰り返し私もさくらに尋ねてみたし、さまざまな媒体からもインタビューされていたのだが、そのたびにさくらは「別に理由はないんです」と申し訳なさそうに答えていた。本当に、何か伝手《つて》があったり、タイでなければいけない理由があったわけではない。物価が安く比較的治安も安定していること、そしてさくらが始めたＵｓｔｒｅａｍの「19時女子プロレス」がタイでも視聴されていたことが、彼女の背中を押した。

女子プロレスが大好きで、女子プロレスの楽しさをとにかく広めたい。けれど自分が、かつて憧れた豊田真奈美や井上京子《いのうえきょうこ》のように、女子プロレスのトップに立つタイプではないことも、彼女はよくわかっていた。ただひたすらに、女子プロレス界に自分の居場所を作るために、彼女は誰もやっていないことをやり続けてきたのだ。もう日本には自分の居場所がないのではないだろうか、と恐らく感じていたさくらが、自分の新しい楽園を作るために向かったのが、タイだった。

バンコクに住居を借り、飛び込みでレストランに入ってプロレスの動画を見せる。さくらのアイデアに賛同してくれたレスラーがタイを訪れ、さくらと路上や公園でいきなりプロレスの試合をし、その模様をネットで生中継する。タイの格闘技といえば、ムエタイという伝統的なキックボクシングだ。その、バンコクで一番大きなショッピングモールの中で行われるキックボクシングの試合の前に、頼み込んでプロレスの試合をさせてもらう。

さくらは、このバンコク女子プロレスに、「我闘雲舞《がとーむーぶ》」という名前を付けた。雲よりも高く舞いたい。そして行動せよ乙女たち！　というメッセージを込めて。

■弱さも人徳

タイにはプロレス団体はなかったし、もちろんプロレスラーもいなかった。しかしかつてはケーブルテレビで日本のプロレスを中継していた時期もあり、現在はアメリカのＷＷＥの試合が放映されている。プロレスをやってみたいけれど、タイにはプロレスがないから、と諦めていたタイの若者たちが、テレビ番組やショッピングモールでの試合を見て、さくらの下に集まり始めた。そして傍《はた》から見ると行き当たりばったりにしか見えないさくらの猪突猛進ぶりだが、そんな突飛なさくらのアイデアを面白がり、協力してくれる人も次々と現れた。タイで空手を教えている日本人の空手家が、自分が使わない時間はいつでも道場を使っていいよ、と鍵を渡してくれる。ラジオ局で働くタイ人の若いディレクターがプロレスが大好きで、子供の頃はよく日本のプロレスをテレビで見ていて、そんな彼が宣伝役を一手に引き受けてくれてテレビ局に売り込んでくれたり、リングアナウンサーとして試合を盛り上げてくれる。また日本で団体を辞めてフリーで活躍している男子のプロレスラーが、タイに長期滞在してプロレスはおろか、マット運動すらしたことがないタイ人に一からプロレスを教えてくれる。

「生まれてこのかた疲れたことがない」と断言する棚橋弘至は極端な例としても、基本的にプロレスラーとはリングを降りてもあまり弱音を吐かない人たちだ。しかしさくらは全く逆だった。大会前に「チケットが全然売れていない」とぼやいたり、異国の地でおろおろしたりするところを全く隠そうとしない。普通ならば眉をひそめられてもおかしくないその弱音や愚痴が、逆に「ならば自分が助けになろう」と思わせる不思議さがさくらにはあった。

「自分がやることなすこと非難されるのは自分の人徳のなさ」だとさくらは自嘲するが、ならばプロレスラーとしてはマイナスな弱さを前面に押し出しても彼女の価値が全く損なわれないのも、また彼女の人徳だった。

■歌と、踊りと、女子プロレス

さくらえみが「バンコクで女子プロレス団体を作る」と言い出してから3年が経った2015年、我闘雲舞は遂にプロレスの聖地後楽園ホールに進出した。我闘雲舞はアイスリボンからさくらを追って合流した女子選手を中心に、日本人選手5人、タイ人選手10人とメンバーを着実に増やしていた。唯一の誤算はタイ人レスラーは男子レスラーの方が多い（2015年の段階でタイ人女子レスラーは2人）ことぐらいだが。

この日も前日までチケットが売れていないとぼやき続けたさくらだが、ふたを開けてみれば当日券が300枚も売れた。それもこれも我闘雲舞にこれまで関わった関係者やファンが、自発的にツイッターやブログでこの興行を宣伝した効果がかなりあると見ていい。女子の団体では当日券が150枚も出ればかなり上出来だと言われているので、平日の夜で300枚というこの数は驚異的である。そしてそこには、さくらが好きなもの、さくらが美しいと思っているもの、声を大にして世界に訴えたかったものが全部、揃っていた。

試合の前にはさくら始め日本人の女子選手たちがふわふわの衣装を着て歌を歌う。我闘雲舞はプロレス団体でありながら、アイドル活動も行うユニットでもあるのだ。もともとさくらが歌が好きで自作の歌をよく試合の前後にリング上で歌っていたこと、我闘雲舞には所属選手が少なくて試合だけでは興行がもたないことなどいろいろ理由はあるのだが、今はプロレスとは関係のないアイドルイベントにも出演している。

我闘雲舞のエースは、元々はさくらが始めたアクション体操に通っていた里歩《りほ》という少女である。「最初に会った時にはまだ乳歯が抜けたばかりで前歯も生えてなかった」という里歩は、月日が経って美しく、そして頼もしく成長した。運動神経も良く肝も据わっていて、ティーンエイジャーながら立派なメインイベンターだ。

そこには歌があり、踊りがあり、そして女子プロレスがあった。初めて聖地後楽園で試合をする緊張したタイ人選手たちを、観客は色とりどりの紙テープと温かい声援で後押しした。さくらはかつてアイスリボンで袂を分かった教え子たちと自身のデビュー20周年記念試合をし、メインイベントは里歩と、柔道出身の「ことり」という、女子高生同士のタイトルマッチに任された。800人の観客と、熱心にホールの隅から見つめるタイ人選手たちの目の前で、彼女たちはその任務をきっちりと果たしたのだった。

■楽園を探し求めて

前日までは本当に逃げ出したいほどだった、とさくらが吐露した後楽園大会が無事に終了し、「これが最終回だったら美しいのですが」と彼女は苦笑する。それをエースの里歩が「いや、我闘雲舞は続いていきますから」と頼もしく否定する。

後楽園進出の2年前に、まだ2人きりだったタイ人選手を招聘して都内のもっと小さな会場で我闘雲舞が大会を開催したことがあった。私はその日もとても感動して、さくらさんは自分の理想とする小さな楽園をまた作ったんですね、と言ったら即座に否定されたのだ。

「小さくなんてダメなんです。たくさんの人を集めて遠くに届かせないといけない。こんな素晴らしいものを皆さんに見てもらいたいんです」

さくらえみは女子プロレス界のナンバーワンレスラーのタイプではなかったが、確実にオンリーワンのレスラーで、そして彼女自身はぼやきながらも虎視眈々《こしたんたん》とナンバーワンを狙っている。

我闘雲舞が興行を始める時にお客さんとコール&レスポンスをする、定番のかけ声がある。

「リヤオサイ（左かな）？」

「メシャーイ（違うよ）！」

「リヤオカー（右かな）？」

「メシャーイ（違うよ）！」

「トンパーイ（まっすぐかな）？」

「シャーイ（そうだよ）！」

これはさくらえみと共にタイで我闘雲舞立ち上げを手伝った米山《よねやま》香織《かおり》というレスラーが、片言のタイ語でタクシー運転手とやり取りした時の言葉である。さくらはレスラー生活の中で左かな、右かな、と迷いながらも自分の居場所を作り続けてきた。そして私たちはそれに驚いたり振り回されたりしながらも、結局さくらの興行を見るといつもその少女たちの一瞬の輝きに胸を打たれてしまう。

きっとこれからもさくらはあっちに行ったりこっちに行ったりするんだろう。それは決して女子プロレスの王道ではないかもしれないけれど、楽園であることは間違いない。さくらが繰り返す「プロレス少女」の少女とは、年齢のことじゃないですよね？　と尋ねたら、

「そうです、みんな少女です。私だって気持ちは十何歳のままですよ」と即答された。「プロレス少女たちの夢を叶えたい」というさくらの夢の真ん中にいるのは、今でも女子プロレスの可能性と輝きを誰よりも信じている、さくらえみ自身なのである。

第3部

プロレスを支える人たち

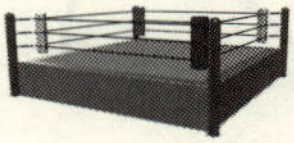

（全日本プロレス名誉レフェリー）

和田京平

プロレスの本質を体現する番人

写真提供：平工幸雄／アフロ

KYOHEI WADA

和田京平●1954年11月20日東京都生まれ。1972年にアルバイトとして全日本プロレスに帯同、その後ジャイアント馬場の推薦によりレフェリーに。2014年にはレフェリー生活40年と自身の還暦を祝うプロデュース興行を開催した。プロレス界のルールブックであり、愛称は「京平さん」。

■日本マット界のトップレフェリー

レスラーよりも歓声を浴びるレフェリーがいる、と書いたらプロレスを見たことがない人は驚くだろうか。ビッグマッチのメインイベント、タイトルマッチ。リングアナウンサーはまず挑戦者の名前をコールする。次いでチャンピオンの名を呼ぶ。最後に「レフェリー、和《わ》田京平《だきょうへい》！」とその名を呼ぶと、満場のプロレスファンは声を合わせて「キョーへー！」と叫ぶのだ。他のどのレスラーの名よりも大きな声で。

和田京平は誰もが認める日本マット界のトップレフェリーである。「日本プロレス界の番人」と呼ばれることもある。どんな強い王者も悪役レスラーも、リングの中で和田京平に逆らうことはできない。キャリア40年、２０１４年には還暦を迎え、今でも全日本プロレスを中心に小さな団体や女子の試合も裁いている。選手やファンはみな敬意を込めて、和田のことを「京平さん」と呼ぶ。

和田といえば厳格なレフェリング、というのがプロレスファンなら誰もが思うことだが、実は厳格なだけでなく柔軟なのが和田の持ち味だ。第1試合の若手同士の試合だったら選手を叱咤激励する。キャラクターが持ち味の選手の試合だったら時にはそのネタに自分も乗っかって飛び跳ねたりする。試合中にグラウンドの攻防だったら和田の仕草を見ていれば、どこの関節が極まっているのか、どちらがギブアップしそうになっているのかがすぐわかる。試合を撮影しているカメラマンの邪魔には決してならないし、30分を超える大熱戦の後、勝者の手を挙げてリングアナウンサーのコールを聞いた後には、気がつけばリングを降りて姿が見えなくなっている。

■距離と間

試合中に軽く華麗なフットワークを見せる和田だが、そもそもレフェリーになったのもそのリズミカルな足さばきのおかげだった。若い頃は定職にもつかずなかなかやんちゃだったという和田が、運送屋のアルバイトから全日本プロレスのリング設営をするリング屋になったのは19歳、全日本プロレスが旗揚げした1972年のことだった。

リングトラックと一緒に日本中を旅し、設営をし、売店に商品を並べ、パンフレットに対戦カードのハンコを押し、試合が終わればまたリングを片付けて次の町までトラックを走らせる。そんな日々の中で、開場前でお客さんが誰もいない体育館にたまたまディスコ音楽が流れていた。その頃ディスコ通いが大好きだった和田はその音楽に合わせて軽快にステップを踏んでいたら、それを見ていたジャイアント馬場がこう言ったそうだ。

「お前、リズム感がいいなあ。明日からレフェリーをやれ！」

いったんは断ったという和田だが、その後先輩が辞めたりしたこともあって結局レフェリーをやることになった。いまでこそ「もうこの年齢になって昔みたいにぽんぽん飛んだらかっこつけてるよなあって言われるのがオチだけど」と和田は苦笑するが、カバーに入った選手をひらりと飛び越えてカウントを数えることができるのが彼の特技だった。

グラウンド状態の試合でも選手に声をかけ、レフェリーが動くことによってお客さんを飽きさせない。レフェリーによっては選手の動きが激しい時には自身はコーナーに背を付けて、試合の邪魔にならないように動かない場合もあるが、和田の場合は常に動き続ける。その秘訣は、「ステップと、レスラーにいかに近づいて裁けるか」だと和田は語る。

「今のレフェリーはいかにレスラーから離れて裁こうかっていうタイプが多いけれど、俺の場合は離れていれば離れているほど怖い。レスラーにくっつき過ぎは絶対良くないけれど、離れすぎはもっといけないよね。だからレスラーがロープワークでぽんぽん飛んでいる中では自分も動いていないといけないんですよ。近くにいても絶対に邪魔じゃないという距離があるんです。俺はレスラーがいまああしたいんじゃないか、こうしたいんじゃないかというのがわかっているから、常にレスラーの側で裁ける。レスラーがぽんってこっちに帰ってきても、当たらない距離、間《ま》というのがね」

そんな和田が自分の動きの参考にしているのは、相撲の行司だという。「はっけよーい、のこったのこった、そう声をかけることによって行司さんは力士に対してカツを入れるのと、見ているお客さんに今こういう状況なんですよっていうのを伝えているんですよね。そしていかに力士にぶつからずに勝敗を決めるかっていうのも俺は行司さんを見て学ばしてもらっています」

プロレスに限らず野球であろうがサッカーであろうが全ての競技にルールがあり、その範囲内で試合は行われる。しかしプロレスの場合は多くの場面でそのルールに裁量があり、「お互いの信頼関係」というきわめて曖昧なものの上で戦っている。ルールブックは存在せず、レフェリーそのものがルールになる。そもそもプロレスは相手の肩をマットに付けて、レフェリーが3カウントを数えれば試合が決するが、その3カウントは時計できっちり3秒間を計るわけではない。反則も基本的には5カウント以内と決められているが、そのカウントも正確な5秒間ではなく、そしていくら5カウント以内であっても刃物を取り出して相手の生命を脅かすといったことはあり得ない。そういうふうに私たちは選手を信頼しているからこそ、プロレスを楽しむことができる。

だからこそプロレスにおいてレフェリーの権限は絶大であり、レフェリーはゴングが鳴ってから試合が決するまで、選手の命を預かる存在なのだ。

■裁くことで教える

そのキャリアのほとんどを全日本プロレスのリングで裁いている和田だが、ある一時期から全日本以外のリングでもその姿を見かけるようになっていた。小さな団体や、ローカル団体、女子の試合を裁くことによって、選手たちが和田から学ぶことは多かった。

例えばプロレスには「ロープブレイク」というものがある。戦っていて相手の攻撃から逃げたい時に、四方にあるロープに手や足をかけるとレフェリーはブレイクを宣言し、攻撃している選手は相手から離れなければいけない。日々当たり前のように見ている光景だが、本来ならばただ手や足がロープに触れていればいいのではなく、手だったらロープをきちんと摑《つか》む、足だったら足首までがロープの外に出ていないとロープブレイクは宣言されないのだ。

大日本プロレスの関本大介はインディーながらそのパワフルなファイトスタイルや真っ向勝負が認められて全日本プロレスやプロレスリングNOAHなどのメジャー団体からも引っ張りだこの人気選手だが、「初めて全日本に上がった時にロープをちょっと触ってロープブレイクをしようとしたら京平さんに『そんなのはロープブレイクじゃない！』と怒られて、きちんとしたやり方を教えてもらいました」と話していた。

タッグマッチだったら一方の選手がリング内で戦っている時にもう片方はどうスタミナを維持するか。いかに敵に背中を見せずに戦うか。レフェリーをいかに巻き込んで自分たちのペースに持っていくか。「俺はどこにいっても全日本の、ジャイアント馬場のスタイルになっちゃうから」と和田は言うが、その王道たる、プロレスの本質を選手たちは和田に自分の試合を裁いてもらうことで学んでいった。

■メカマミーを裁く

インディー団体にはメジャーには決して存在しない突飛なキャラクターがリングに上がる。

例えばメカマミー。メカマミーとはかつて国際プロレスという団体に出ていたザ・マミーというミイラ男がメカ化された存在で、文字で説明しても全く意味不明であるところがもどかしいのだが、とにかく腕がドリルでところどころがメタリック仕様になった包帯ぐるぐる巻きのミイラ男の、怪奇派レスラーなのである。

メカマミーの試合を京平さんが裁く！　というだけでプロレスファンは試合前から盛り上がることができる。京平さんは果たしてメカマミーを認めるのか。腕のドリルは凶器として試合前のボディチェックで取り上げられてしまうのではないか。

それもこれも、和田京平が「プロレス界の番人」であり、厳格なレフェリーである、という共通認識があるからこそ緊張感が高まるのだ。「みんな俺にこんな試合やってもらって恐縮ですって言うんだけれど、いや俺こういうの好きなんだよね」と和田は笑う。後に和田はメカマミーの試合を何試合か裁くうちに、自身もメカ化された「ロボ京平」となって登場し、プロレスファンの度肝を抜いた。

また飯伏幸太が名勝負を繰り広げたヨシヒコ。ヨシヒコの試合も和田は何度か裁いている。「あれも面白いよね。でもあれはプロレスの原点だよね」と和田は語るのだが、自著でこう語っている。

「何でしたら私がレスラーのいないリング上にひとりで立って、架空の名勝負を演じてみましょうか？　姿のない選手のボディチェックから始まってゴングを鳴らし、やがて壮絶なフィニッシュへ。ひとりで演じてみてもいい。それくらいの力量は持っているつもりです」

だからたぶん飯伏は俺と似てるんだよね、と和田は言う。ヨシヒコをあくまでもひとりの選手としてプロレスファンは捉えているが、それをそうさせているのは飯伏の技量だ。「だから飯伏は上手いんだろうな。きっと楽しいんだと思いますよ。俺もそこに誰もいなくてもたぶん楽しんでできると思います」と語る和田は、飯伏に自分と共通する部分を感じているようだった。

■レフェリーの権限

レフェリーはリングに上がったらその会社の社長よりも権限がなければならない、と断言する和田だが、だからこそその怖さは誰よりも感じている。レフェリーの仕事はうまくいって当たり前で、素晴らしい試合だったとしても褒められるのは選手であり、もし万が一のことがあれば責められるのはレフェリーだ。

和田のレフェリングといえば恐らく誰もが思い出すのは、2005年2月に行われた天山《てんざん》広吉《ひろよし》vs小島聡《こじまさとし》のダブルタイトルマッチである。当時天山広吉は新日本プロレス頂点のベルト、IWGPヘビー級の王者であり、対する小島聡は全日本プロレス頂点の三冠ヘビー級の王者だった。対立する2つの老舗団体、どちらかの至宝が相手団体に流出する恐れがあるダブルタイトルマッチ、会場の両国国技館は試合前から異様な盛り上がりだった。この試合を裁いたのが全日本プロレスメインレフェリーの和田京平で、公平を期すために当時新日本プロレスのメインレフェリーだった田山正雄《たやままさお》がそれを補佐する立場にいた。

試合は一進一退の攻防の中、59分を超えていた。このまま60分を迎えれば時間切れ引き分けになる。しかし天山広吉の様子がおかしかった。視線が定まらず、足元はおぼつかない。リングインしてもすぐに場外に落ちてうずくまってしまう。対戦相手の小島がいくら叱咤激励しても立ち上がれない。天山が試合ができる状態にないのは明らかで、場内は騒然としていた。

「プロレスで試合を終わらせることができるのはレフェリーだけだ」という和田だが、2005年の試合を振り返っても「あれがどうでもいい試合だったらすぐに終わりですよ。でも選手権試合だからレフェリーストップにはできなかった」と言う。この試合は結果的に立ち上がれない天山に和田が10カウントを数え、小島聡のＫＯ勝ちという裁定になった。59分45秒、あと15秒天山が耐えることができれば時間切れ引き分けというタイミングでのゴングである。団体の威信をかけた試合を恐れずにきっちり終わらせたことで、改めて和田のレフェリングは評価された。

また２０１５年2月に女子団体スターダムで行われた世Ⅳ虎《よしこ》vs安川悪斗《やすかわあくと》のタイトルマッチを裁いていたのも和田だった。お互いが暴走し反則攻撃を繰り出し、安川の顔面が大きく腫れたことでニュースになってしまった試合だが、私はこの試合の中で幾度も和田がチャンピオンの世Ⅳ虎に「これはチャンピオンシップだぞ！」と叱責するのを聞いている。

お互いの技量がおぼつかない上に不信感が募るなかで行われた不幸な試合だったが、和田はレフェリーとして、両者にこれが格式のある選手権試合であることを必死に伝えようとしていた。残念ながら試合はセコンドのタオル投入によるＴＫＯという決着になり、後に団体はこの試合に無効試合という裁定を下している。

「リングに上がったらレフェリーが権限を持っていますよ。その上に会社としては社長がいるんだけれど、リングに上がった時点ではレフェリーが一番なんですよ。後からあれはおかしいのでウチの会社としてはこういうふうにしますって試合結果を直すのはもう俺には関係ないけれども、その場のリングの中での権限はやっぱりレフェリーなんです」

■「うるさいったらありゃしない」

40年間、プロレスの番人としてリングに立ち続けている和田だが、今でもプロレスは面白い、と断言する。「こんな面白いこと、40年もやらせていただいてありがたいなって思いますよ」と言いながら、同時に、未だに毎日、毎試合緊張するという。それが第1試合であろうとメインイベントのタイトルマッチであろうとその緊張は変わらない。今日は完璧にレフェリングできたな、と思うことは少ないけれど、試合が終わって汗だくのレフェリーシャツを控え室で着替えている時に、選手が顔を出して「京平さん、ありがとうございました」と言ってきた時には、恐らく彼らにとっていい試合だったんだろうなという気はする。そして彼らにとっていい試合だったってことは、きっとレフェリングも悪くはなかったんだろうなと思いながら、和田は選手に「お疲れさん」と声をかけるのだ。

若い頃は選手と一緒に受け身の練習をし、1日数百回のスクワットもこなした。選手が60分試合をするとしたら、レフェリーも同じ時間動き続けなければいけないし、人が後ろに投げられるということがどれくらい危険で恐ろしいことなのか理解していなければ、プロレスのレフェリーは務まらない。そんな和田も、当然のことながら身体にあちらこちら故障を抱えている。けれど和田はそのヒジにサポーターを巻くことはない。

「そりゃ痛いですよ。でもサポーター巻くくらいだったら俺は辞めますよ。何でって、俺がサポーター巻くとみんな心配するじゃない。俺がちょっとでも手首に包帯したり腕にサポーターしたりするとそのたんびに『京平さん大丈夫ですか』『どうしたんですか』ってうるさいったらありゃしない。だからそんなにうるさいんだったらもう巻くのやめようって。大丈夫ですかって言われるくらいならレフェリー辞めた方がいいじゃない？」

和田がどれだけ後輩たちに慕われているか、そして和田がどれだけこの仕事にプライドをもって臨んでいるかがよくわかるエピソードだ。「うるさいったらありゃしない」と言いながらその表情は和やかだった。

２０１４年12月の自身の還暦記念大会では、全日本プロレスの新人選手のデビュー戦を第1試合で裁いた。全日本プロレスの看板選手であり、社長でもある秋山準が「京平さんがレフェリーやってくれるってことが、どれくらい凄いことかまだわからないだろうけれど」と語っていたが、これは和田が会社に願って実現したことだった。

「俺のイベントでもあるし彼の心に一生残る試合だからね。だからいま、そういうのを残したいがためにいろんな団体でレフェリーやって、プロレスとは何か、プロレスとは何ぞやっていうのを問いかけてるんだよね」

■カバンひとつ持って

かつてジャイアント馬場が生きていた頃は、全日本プロレス所属レフェリーである和田京平が女子の試合を裁くなどということは考えられないことだった。しかし時代は変わり、和田は請われれば大小問わずさまざまな団体で、カバンひとつ持って試合を裁きに行く。そしていろいろな団体の選手が、和田京平にレフェリーをやってもらって試合をした、ということが自信や自慢に繋がればいいと願っている。

ビッグマッチのメインイベント、団体至宝のタイトルマッチ。満場のお客さんは期待感で膨れあがっている。「キョウヘー」コールの後で和田が一礼し、向かい合った選手のボディチェックをする。選手同士が握手をするのかしないのか、それを見極めた後、リングアナウンサーにゴングを要請し、カーンといい音でゴングが鳴って試合開始だ。

両者がリング中央でがっぷり組み合うロックアップというプロレスの基本の動きをする。これからどんな試合を見せてくれるのか、緊張感の中で観客は固唾《かたず》を飲んで見守っている。どちらかが相手をロープ際まで押し込み、そこで和田はこの試合初めてのジャッジを下す。

「ロープ、ブレイク！」

「この第一声が、俺の仕事の始まりなんです」と和田は言う。さあ、この後両者がどう分かれるのか。そしてこの試合はどれほどの激闘を見せてくれるのか。プロレスで最初と最後のゴングを鳴らすことができるのはレフェリーだけに与えられた権限である。その和田の左手がマットを3つ叩く時まで、私たちはしばしこの試合に酔いしれることができるのだ。

橋本和樹（大日本プロレス）に聞く

若手のお仕事

ファンで賑わう大日本プロレス道場イベント

KAZUKI
HASHIMOTO

橋本和樹● 1990 年 5 月 25 日埼玉県生まれ。アニマル浜口トレーニングジムを経て 2009 年大日本プロレスに入門。試合ではその気の強さで大先輩にも臆するところなく向かい、また若手を牽引して大日本プロレスのセコンドや業務を取り仕切る。デスマッチのリング設営の際にはファンから敬意を込めて「現場監督」と呼ばれている。

■興行の舞台裏に密着取材

日本のプロレス団体の若手は、日本特有の道場という制度によって育てられる。プロレスラーを志す若者はめざす団体の入門テストを受け、合格するとその団体に入門する。寮がある団体であればその寮に住み込みとなり、若手同士寝食を共にし、道場で先輩から徹底的に身体と心を鍛えられ、炊事・洗濯・掃除をし、場合によっては先輩の身の回りの世話をする。日本以外でこのように団体が入門生の衣食住をまかない、一人前のプロレスラーになるまで面倒を見る、というケースはほぼない。恐らくそれは日本のプロレスの成り立ちが力道山にあり、相撲の風習を受け継いでいるからではないかと思われる。

私はプロレスの試合を見る時に、もちろんリング上の選手たちを見るのも好きだが、その試合のセコンドであったり、若手の働きを見るのがとても好きだ。若手にはその団体のカラーが何よりも色濃く現れる。上り調子の団体は若手の数も多く、彼らのきびきびとした動きはその団体の教育の素晴らしさを示している。

中でも若手の働きが非常にめざましいのが大日本プロレスだ。大日本プロレスは代表の登坂曰く「ちょっと宗教じみた思い入れで」、旗揚げ以来どんなに苦しい時にも道場を維持し、若手を寮に住まわせてきた。その甲斐あって近年どこのメジャー団体にも負けないほど新人選手を多くデビューさせ、しかも彼らがみなとても生き生きと日々働いている。大日本プロレスの若手はどんな生活をして、どんな仕事をこなしているのか、ある興行の一日に密着してみた。

その日は18時30分から東京・水道橋にある後楽園ホールで興行がある日だった。社長の登坂に興行に一日密着したい旨を伝えると、「では朝10時くらいに道場にいらしていただけますか?」との返答を受ける。夜6時半からの興行なのに10時から準備をするのだろうか?と驚きながらも横浜・鴨居にある大日本道場に向かうと、既にたくさんの選手たちが興行の準備をしていた。

後にわかったことだが、大日本プロレスでは興行がある日もない日も、水曜日以外は毎朝10時から朝礼を行っているのだった。上は社長の登坂から下は練習生まで道場に集まり、それぞれの確認事項を報告し合う。興行がある日は朝礼の後にその日の試合に合わせた機材やグッズをリングトラックに積み込む。「その日の試合に合わせた」というのは、大日本プロレスの場合はデスマッチがあるので、デスマッチの試合がある場合はその形式に合わせて蛍光灯や、会場の床を傷つけないように一番最初に敷くブルーシートなどを積み込まなければならないし、ハネ立ち（興行が終わるとすぐ翌日の興行のために移動すること）の場合は翌日以降のスケジュールも考えて積み込みをしなければならない。

大日本プロレスでは選手間で「グッズ担当」や「リング担当」などの役割が決まっていて、グッズ担当はその日販売するグッズや売り場用の箱、ＰＯＰ用のスケッチブックなどを用意し、リング担当はデスマッチアイテムや会場によっては椅子の有り無しなどを確認する。全員でその日の積み込みに忘れ物がないか確認した後はいったん解散となり、会場までの移動手段を割り振ったり、個々にトレーニングをしたりした後に、14時半後楽園到着をめざすのだ。

後楽園に到着すると、大日本プロレスの若手選手のみならず、伊東竜二、関本大介といったトップ選手から、他団体からの参戦選手まで大方揃っていることに非常に驚かされる。後楽園ホールの担当者が来て業務用のエレベーターの鍵を開けると、トラックからリング、売店の商品などが降ろされ、若手のリーダー格である橋本和樹《はしもとかずき》の的確な指示のもと、エレベーターへの積み込みが行われる。後楽園ホールは水道橋の東京ドームシティの中のビルの５階にあるので業務用エレベーターでリングなどの大きな機材は搬入しなければならないのだ。

リング、入場ゲート、音響機材など必要な機材は多岐にわたるが、効率の良い積み込みができればエレベーター2回分で行けるんです、と監督する橋本は胸を張る。

5階に上がるとがらんとしたホールにまず黒いシートを広く敷き、その上に鉄柱、鉄骨、ワイヤー、板、マット、キャンパスといったリングを構成する素材が選手たちの手によって運び込まれる。練習生に教えながら、そして他団体の選手も交えて、和やかかつきびきびとした動きで組み立てられていくリングを見るのはとても心地よい。およそ1時間かけてリングは組み上がり、練習生が丁寧にホウキで掃くと完成だ。その後はおのおのトレーニングをしたり、食事をしたり、取材を受けたり、若手は開場時にお客さんに配るチラシを作ったりといった作業をしつつ、その日の興行に備えるのだ。

興行開始の1時間前、17時半に後楽園ホールが開場する。待ちかねたファンがどっとなだれ込んでくる。この日の試合順やグッズ案内、今後の興行予定などが刷られたチラシが入場するお客さんひとりひとりに手渡される。売店には商品の名前や値段をわかりやすく記した色とりどりのPOPが躍っているが、これは若手選手の宇藤純久《うとうよしひさ》がグッズ担当になったことから独学でレタリングの勉強をし、毎興行ごとに自作しているものなのだ。

試合が始まると若手はセコンドに付いて、入場する選手のガウンを片付けたり、場外乱闘の時にはお客さんをガードしたり、対戦相手にやられてグロッキーになっているリング上の選手を鼓舞したりする。大日本の場合には大量の水をまき散らす選手がいたり、デスマッチで蛍光灯やブロックの設営をしたり、はたまた試合が始まればその蛍光灯が客席まで飛び散ったりするので他の団体と比べて若手がやることは非常に多い。そして休憩中には「押し売り」と称するグッズの売り歩きが客席で行われている。

この日の全試合終了は21時半。メインイベントが終わり、お客さんが満足げに会場を後にする中で撤収作業が手早く行われる。それから1時間後の22時半には撤収が完了し、トラックの鍵は閉められた。その後選手はおのおの夕食を取った後、バスとトラックは24時半に後楽園ホールを出発して、翌日の岩手大会に向けて走り出していったのだった。

一日彼らに密着して、驚くことばかりだった。若手だけでなくトップレスラーも、そして他団体から参戦した選手もみなで一緒にリング作りから撤収まで一丸となって行っていること。そしてその誰もが、うつむいたり辛そうな表情を見せることなく楽しげに働いていること。これはこの団体は強くなる、そう思わされることばかりだった。大日本が素晴らしい理由がわかりました、と素直にその感動を若手選手にぶつけると、「そりゃあ大日本が一番ですよ」と即答され、続けてこう答えてくれたのだった。

「どうせやるなら楽しくやらないと。楽しくやってもつまらなそうにやってもやることは変わらないですからね」

■橋本和樹に聞く「大日本全員プロレス」

後日、改めて大日本プロレスの橋本和樹に話を聞いてみた。橋本は多くのプロレスラーを送り出しているアニマル浜口トレーニングジムを経て、２００９年に大日本プロレスに入門。現在若手を率いる立場にいる。その明るさ、人懐こさ、そしてデスマッチの設営の時の「現場監督」としての見事な働きぶりは広く大日本プロレスファンには知られるところだ。登坂に橋本和樹に話を聞きたいと伝えたところ、「大日本を評価してもらうなかに若手の活躍や頑張りがあるかと思いますが、その大きなきっかけとなったのが橋本和樹です。彼の持つ素質と要素が大日本をまたひとつ前に進めてくれました」との答えが返ってきた。

「そう言っていただけるのは凄く嬉しいんですけれど、最初の頃に僕がセコンドについて頑張っていたのは下心で、ただ目立ちたかっただけなんですよ」

と橋本は笑う。デビュー前のまだ練習生だった頃、夢見ていた世界はほんの少し先にあるだけだったけれどまだ試合はできなくて、もどかしかった。でもせっかくならばただ動くだけじゃなく、少しでも面白く、お客さんに伝わりやすく動きたいと思って始めたのがセコンドの仕事だった。でも実際に自分がデビューしてみると、セコンドの大切さがわかるようになったという。

「セコンドがいるいないで会場の雰囲気ってだいぶ違うんだなって。お客さんを盛り上げたりするのも、応援する時にはこうだぞっていうのをセコンドが率先してやる。一番リングの上のレスラーに近くて、なおかつお客さんにも近い存在というのがセコンドだと思うので。特に地方のお客さんはセコンドがいないと、どういうところでどう拍手していいのかわからなかったりするんです」

加えてプロレスの勉強が一番できるのもセコンドだという。この選手はこういう動き方をする、こういうタイミングもある、それを間近で見ることで、タッグマッチで自分がコーナーにいる時に同じ対応ができるようになるのだ。また他団体では何となく若手や手の空いている人がセコンドに自主的につく、というケースも多いようだが、大日本の場合にはその日の試合のスケジュールと形式を見て、事前に橋本が全試合のセコンドを振り分ける。こうすることによって、入場した選手のガウンを受け取る人が誰もいない、場外乱闘でお客さんをガードする人が誰もいない、ということが避けられるのだ。セコンドに付くことも興行の一部であり、試合に参加しているのと一緒だ、と橋本は言う。

大日本のセコンドの素晴らしさが見事に発揮されたのは、2015年に初めて大日本プロレスが開催した両国国技館大会だった。両国大会ではデスマッチと通常ルールのストロングの試合が交互に組まれていたので、デスマッチの時にはその設営を素早く行い、そしてその試合が終わった後には飛び散った残骸を片付け、リングのキャンバスも素早く替えて、ストロングの選手たちに影響が出ないようにしなければいけなかった。

この日のセミファイナルは伊東竜二vsアブドーラ・小林《こばやし》という大日本のトップデスマッチファイターによるデスマッチヘビー級選手権が、20周年を記念した「20アイテムデスマッチ」という形式で行われた。両国国技館という場所に考慮して、リング上にコンクリートブロックを土俵のように並べ、大量の塩や有刺鉄線ボード、剣山、サボテン、椅子や机など20種類ものアイテムが持ち込まれる。初めての慣れない会場で大量のアイテム、ビッグマッチで時間があまり押せないなどの緊張感の中で、選手たちは驚くほどの速さで設営をしてのけた。その時間、わずか5分にも満たないほどで、あまりの見事さに設営が終わった後には満場の両国国技館から拍手がわき起こったほどだった。

「僕の頭の中では10分かかる計算でした。それが5分で終わりました。半分で終わったんですよ。その時に、あの日はセコンドやっていて興行自体も楽しくて鳥肌ものだったんですけれど、あの設営が終わった段階で本当に僕鳥肌立って。うおおおお、やったあと思いましたね」

私はこの日サムライTVの生中継のためにスタンバイしていて、設営が長くかかった時のために選手にインタビューをする予定だった。しかし全くその必要がないほどにスムーズな設営で、加えてこの試合が終わった後、大量の塩や壊れたブロックや剣山、竹串などが散乱していたのを、他団体の選手も含めたセコンド陣がまた物の見事に跡形もなく片付け、メインイベントのストロングヘビー級選手権、関本大介vs岡林裕二《おかばやしゆうじ》の試合に繋げたこともお伝えしたい。

橋本が入門した時に礼儀や仕事を一から教えたのは、現在大日本プロレスのストロング部門でトップを張る岡林裕二だった。岡林は元自衛隊員ということもあり、生活態度にしても上下関係にしても非常に厳しかったという。同期の塚本拓海《つかもとたくみ》（現在は大日本プロレスの所属を離れたものの引き続き参戦している）と「お互い逃げる時には止めあおう」という約束をするほどに、橋本にとって岡林は怖い存在だった。しかしそんな厳しい日々の中で楽しかったのは、興行が終わった後にみんなで食事に行ったり、風呂へ行ったりする時間だった。

「興行が終わると全員で、宣伝カーに乗って僕と塚本が交代で運転して、牛丼屋さんとかチェーンのお店に行くんです。そういう時にご馳走して下さるのも岡林さんで、ご飯を食べながら今日はああだったな、こうだったな、っていろんな話をしながら、お前はあそこを直さなきゃいかんぞだとか。そういう反省もしつつバカ話をしたりだとか。その時間は本当に楽しかったですね」

若手の頃に自分は一切お金を払わせてもらえなかった、その代わりに「お前が先輩になったら後輩に返すんだよ」と言われて橋本は育ってきた。今でもその教えは守られていて、デビュー3年で、外から見たら「若手」と言われる選手でも、練習生を連れて食事に行く時に支払っているのは先輩だ。

時は巡り橋本も若手を指導するキャリアになった。ちょうど自分が若い子たちと上の先輩たちの間のクッション的なポジションなんです、と言う橋本が若い選手たちに繰り返し言うのが、「お前たちが大日本の顔だぞ」という言葉だという。

「お客さんは自分の好きな選手やメインイベントを見に来ている。でも、他団体の代表の方や営業の方、選手が何を見ているかといったら、試合もそうですけれど練習生を一番見ているんです。一番見られてなさそうで一番目立つのが練習生なんだぞと。ダラダラやっていたら目立つし、挨拶しなかったらそれも目立つ。お前らがきびきび挨拶をする、セコンドでいい動きをする、そうすると大日本は上から下までしっかりしているなっていうのが総括的に見えるんです。上の人がしっかりしているのは当たり前のことで、団体の一番下の人間がしっかりしているのが一番凄いことなんだぞ、お前らが大日本の顔なんだぞっていうことは常日頃から言ってるんです」

その団体がどういう団体かは若手の動きや表情を見ていればよくわかる。岡林のように怖い先輩にはなれない、という橋本が自分の経験から見いだした教えは、間違いなく真理を衝いている。

大日本プロレスがいわゆるメジャー団体と呼ばれる新日本プロレス、全日本プロレスと明らかに違う点をひとつ挙げるとするならば、リングを自分たちで保持し、設営していることである。新日本や全日本にはリング屋さんと呼ばれる人たちがいて、彼らがトラックを運転してリングを運び、設営するため、選手がリングを組み立てることはない。大日本の場合は売店の運営やリングトラック、バスの運転まで選手が行っているため、作業量は膨大である。橋本もプロレスリングＮＯＡＨなどのメジャー団体に参戦する時には当然リング設営もセコンドもすることなく、選手だけに専念することができた。

「うらやましいという気持ちもありますけれど、でも僕が本当にやりながら思うのは、やっぱり俺はこれが好きだなあって。みんなで一緒に興行を作るこの雰囲気が俺は好きなんですね。もちろんリング屋さんがリングを作ってくれて、俺らは試合だけして帰れたらそれは楽でしょうけれど、それでなくてもいいなっていうのは思いますね」

橋本自身はもう寮を出ているが、寮にいる若手たちがどんなスケジュールで日々過ごしているか、改めて尋ねてみた。

＊＊＊

９時　起床　朝食

９時半　道場の清掃

10時　全体ミーティング

11時　合同練習

14時　昼食

昼食後　各部門ごとに営業部は営業に、グッズ担当は売店用の箱やＰＯＰ用の文房具な

どを買いだしに

夕方以降　関本、岡林ら先輩によるウエイトトレーニング指導

夕食、就寝

＊＊＊

道場があり、寮が隣接されており、みんなで練習し、興行の準備をして、そしてみんなでちゃんこを食べる。若手は強くなるための環境が整えられた中でプロレスラーとして鍛錬し、そして人として鍛えられる。これが、日本のプロレスの道場というものなのだ。

橋本は、『週刊プロレス』の大日本担当記者である奈良知之が記事の見出しに付けてくれた「大日本全員プロレス」という言葉が大好きだという。

「両国の時に改めてそれを思いましたね。ああウチって本当に全員プロレスだなと思った。ひとりの力も欠けることなく興行を終わらせる。僕らの場合はリングを立てて、試合をやって片付けるところまで全員だったので、それをすごく如実に感じました」

この日も設営が終わり試合が始まるまでの間に橋本にはインタビューをさせてもらったのだが、その間も練習生の動きに気を配り、何か困っていたり迷っていたりする様子があると

すかさず声をかけていた。団体がひとりの青年を預かり、一人前になるまで育てるにはお金も時間も手間もかかる。日本のこのやり方は効率が悪いし、育った選手が辞めてしまったり、他団体に移籍してしまったりしたら馬鹿馬鹿しいじゃないか、そういった声もたびたび聞かれる。

しかしこの濃密な時間を共に過ごすことからこそ生まれる団体への愛情や、絆というのはかけがえのないものだ。試合や、ふとした仕草でそういった絆が垣間見えることにファンは心が動かされるし、そういった関係がまたプロレスの試合を見る上で味わい深さを増してくれる。ぜひプロレスを見に行った時には、若手や練習生にも注目して見てほしい。プロレスを追いかける楽しみがまたひとつ、増えるはずだ。

プロレスをもっと盛り上げるために

棚橋弘至（新日本プロレス）

写真提供：平工幸雄／アフロ

HIROSHI TANAHASHI

棚橋弘至●1976年11月13日岐阜県生まれ。立命館大学を卒業後、1999年に新日本プロレスに入団、混乱の時代も将来を嘱望される存在となる。2006年にIWGPヘビー級王座初戴冠。2011年から6回連続で東京ドーム大会のメインイベントを務めるプロレス界の大エース。キャッチフレーズは「100年に1人の逸材」。

■「明るいエース」はなぜ怒ったのか？

棚橋弘至《たなはしひろし》は誰もが認めるプロレス界の救世主である。

２０１５年の新日本プロレスＧ１クライマックス決勝は、棚橋弘至vs中邑真輔という永遠のライバル同士の戦いとなった。実況のアナウンサーは「棚橋弘至と中邑真輔、この２人がいなかったら、プロレス界は終わっていたかもしれません！」と万感の思いを込めて叫んだ。

これは誇張ではなく、２００５年１月４日東京ドームでの初対決から、ある時は新日本の未来を背負う若手同士として、ある時はタイトルマッチとして、新日本の観客動員が地に堕《お》ちた時からこの日の超満員札止めで、立錐の余地もない両国国技館に至るまで、幾度となく戦って新日本プロレスを、いやこの国のプロレスそのものを救ってきた。

棚橋弘至はその身を全てさらけ出して、24時間３６５日「棚橋弘至」としてプロレスを世間に広めてきた。リングに上がれば相手の良さをいかんなく引き出した上で勝利を収め、それがメインイベントだったならばどんなに疲れていても試合後にエアギターを何度も奏でてリング上で高くジャンプし、その上でリングサイドや花道に押し寄せる老若男女のファンとたっぷり触れあってサービスをする。かと思えばブログやツイッターで日々の生活、子供の送り迎えをしたり買い物をし過ぎて妻に怒られたりといった日常を赤裸々に綴《つづ》る。

身体が大きくて無口で怖い、という昭和のプロレスラーのイメージを一新し、明るく染めた長髪を振り乱し、仮面ライダーから影響を受けたスタイリッシュなコスチュームを着こなし、テレビ番組に出れば軽快なトークを披露し、芸人さんに頼まれれば普段の試合ではしないチョップもするし、上半身を脱いでその美しい肉体でみんなに溜息をつかせたりもする。プロレスをもっと盛り上げるために、棚橋弘至はここ10年、ずっとそうしてきた。

しかしそんな、明るく物わかりの良いみんなのエース、としての棚橋弘至のパブリックイメージを大きく覆す出来事が2015年の夏に起きた。その夏に棚橋弘至はG1クライマックスで8年ぶりに優勝し、1週間後には他団体であるDDTのビッグマッチ、両国大会に出場した。そこで棚橋はDDTのエースであるHARASHIMAと戦い、盤石の試合運びで勝利を収めたのだが、その試合後のバックステージで声を荒立てて怒ったのである。

「俺は珍しく怒ってるよ。グラウンドで競おうとか、打撃で競おうとか、技で競おうとか。舐《な》めたらダメでしょ。これは悪い傾向にあるけれど、全団体を横一線に見てもらっては困る！」

私を始めそこにいた全てのプロレスマスコミが呆気にとられた。あの棚橋弘至が、机を叩いて怒っている。これまで対戦相手もファンのことも全て愛で包み込んできた棚橋が、何に対してこんなに怒っているのだろうか。

■新闘魂三銃士の対立

その夏からさかのぼること2年前にも実は棚橋は怒っていた。それはかつて新日本プロレスでデビューをし、新日本が揺れ動いた時代に会社を辞めて出て行った柴田勝頼が新日本に帰ってきた時のことだった。柴田は棚橋の同期ながら年齢的には3つ上で、かつて新日本は棚橋と柴田、そして中邑真輔を「新闘魂三銃士」として売り出そうとしたことがある。

元祖となる闘魂三銃士とは1980年代後半から新日本プロレスで活躍した、1984年同期デビューの武藤敬司、蝶野正洋、橋本真也の3人のことである。個性はばらばらながらプライベートでも仲が良かった闘魂三銃士と違い、新闘魂三銃士とされた棚橋、中邑、柴田は3人でひとくくりにされることに抵抗があった。特にそのくくられかたに激しく嫌悪感を示していたのが柴田勝頼で、その後の新日本プロレスの方針とも相容れずに結果的に2005年に柴田は退団、格闘技の世界に戦いの場を移すようになる。

そして２０１２年、柴田は何の前触れもなく新日本プロレスのリングに「ケンカ、売りに来ました」の言葉と共に背広姿で帰って来た。シンプルな黒のショートタイツ、「喧嘩ストロングスタイル」とも称された骨身を削る戦い方は、棚橋やオカダ・カズチカが新しく塗り替えた明るく華やかな新日本プロレスの中に入ると異色で、新鮮に感じられた。とにかく俺は試合がしたいんだ、ここで生き抜いていくんだという柴田のほとばしる激情は観客にも伝わり、最初は「何をしに帰って来たんだ」と白い目で見ていたファンも柴田に声援を送るようになるのに時間はかからなかった。

しかしそんな柴田にただひとり、表立ってノーを突きつけたのが棚橋弘至だった。

「『プロレスが面白くなってきた』って言ったんでしょ？　どの口が言ってるのか知らないけど、寝言は寝てから言えってんだ、コラ！」

それは柴田が背広姿で宣戦布告してからちょうど1年後の、２０１３年のＧ１クライマックスでの出来事だった。

この年、柴田は２００４年以来9年ぶりにＧ１にエントリーされ、日々の試合に意欲的に取り組んでいた。その過酷さにだんだんみな無口になる、というＧ１で（事実この年も2選手が最終戦を待たずに負傷欠場となった）、所属選手でもないので選手バスに乗るわけにもいかず、日本各地での試合会場への移動も全て自力で行っていた柴田だったが、最終日まで本当に元気で日増しに表情が明るくなっていくのが間近で見ていてもよくわかった。ここ数年は試合をすることもなかなかかなわなかった柴田が、日々プロレスラーとしての輝きを取り戻していったのが2013年のG1だった。

この年は前述した通り飯伏幸太がG1初出場だったので私も全戦見て廻ったのだが、飯伏を見に行って柴田の魅力に気づいて帰ってくる、そんな夏だった。

その柴田の評価が高くなっていったG1の最終日に、公式戦で当たったのが棚橋だったのである。張り手、頭突き、感情をむき出しにして戦った「新闘魂三銃士」同士の戦いは、棚橋が柴田を丸め込むという形でふいに終わりを迎えた。その試合後の棚橋のコメントが「寝言は寝てから言え」だったのである。その時も正直、私の中にはとまどいがあった。どこかそれは棚橋の言葉ではないように響いたし、なぜ棚橋がひとり柴田を拒絶し続けるのか、その時にはその真意が摑めずにいた。

棚橋はその決め台詞《ぜりふ》が試合後にファンに向かって叫ぶ「愛してます」であることからもわかるように、全てを愛で包み込むプロレスラーである。対戦相手のことも基本的に否定することなく、口汚く罵《ののし》ったり「ぶっ殺す」などと物騒なことも言ったりもしない。試合も相手の良さを引き出し、その技を一身に受けきった上でそれを凌駕《りょうが》して勝つ。派手な見た目とは裏腹に、プロレスラーとしては非常にオーソドックスなスタイルの持ち主だ。試合のスタイル、と書いたが、棚橋自身は「僕にはスタイルはないですよ」と言い切る。

「僕、スタイルはないです。相手前提です。ジルバだったらジルバ。よく言われますけれど形はないんです。自分の技なんかやらなくていいと思ってますからね、極論は」

そんな棚橋が柴田のことを頑《かたく》なに認めないと言い続けるからには、そこに何か棚橋の一番大切にしていることが隠されているような気がしていた。結果的に2014年9月に2人は柴田が新日本に戻ってきてから3度目のシングルマッチを行い、そこで初めて試合後に握手をした。柴田は棚橋に「新日本を守ってくれてありがとう」と言い、2人は額を付き合わせて涙した。

■棚橋はなぜ柴田を認めなかったのか?

なぜ棚橋は柴田を認めない、と言い続けなければならなかったのか。それは柴田が、棚橋が捨ててきたものを持っていたからだった。棚橋はこの10年、新日本プロレスを復活させるためにありとあらゆるものを捨てざるを得なかった。それは新日本はこうあるべきだという姿、いわゆるストロングスタイルであり、個人的には家族とのプライベートな時間であった。

若手時代から将来を嘱望されていた棚橋弘至だったが、彼が初めてIWGP王者になった2006年は新日本プロレスがどん底の時代だった。棚橋自身もそのビジュアルや表現力が古参のファンには嫌われ、なかなか支持が得られない時期が続く。しかし棚橋はそれを時代や環境のせいにすることなく、寸暇を惜しんで営業に廻り、新日本プロレスをアピールし続けた。そして新日本の今日の隆盛がある。

「僕にしてもオカダにしても、時代に求められるプロレスに迎合してきたわけですよ。僕は、人が見て楽しいものがエンターテインメントとして正解だと思っているので、盛り上がってなければプロレスはこういうもんだって言ってもそれは不正解なんですよ。だから頑固な料理屋のおやじじゃないですけれど、これがウチの味だからこういう食べ方をしてくれよっていうのは、プロレスでは違うと思ったんですよ。だからそこで僕が捨ててきたものっていうのはプロレスの古い形というか。そこを柴田が持ってたんですよ。ストロングスタイルだったり、古い新日本の殺伐とした空気感だったりとか。僕はもともと持ってないし、捨ててきたものを柴田が持ってたからうわーってなったんですよ」

新日本プロレスが、そして棚橋自身が生き抜くために置き去りにしてきた「ストロングスタイル」を、柴田は新日本を離れることで逆にその身の中に保ち続けた。保ち続けたまま、棚橋の言葉を借りれば「ピュア」なまま、がらりと変わった風景の新日本プロレスに帰ってきた。柴田がプロレスが好きなことも戦いに渇望していたことも重々理解してたけれど、その柴田のピュアさであり、そして彼がいなかった10年を自らの身でつまびらかにするために、棚橋は怒っていたのだった。そしてその怒りが瓦解し、二人が額を付き合わせて自分の言葉で「ありがとう」と「おかえり」が言えるまで、2年という月日が必要だった。

■大ブーイングの中で

そして2015年の夏、棚橋は再び怒りを露《あら》わにしていた。しかも今回は他団体のエースに対して、明らかに自分とレベルが違う、と怒っているのである。ファンはその真意が摑めずに困惑し、「横一線にしてもらっては困る」と言われたDDTははっきりと棚橋発言に対して遺憾の意を表明した。

いわゆる「揉めごとはリング上で決着を付ける」タイプの争いではないことを誰もが感じ

ていた。棚橋はこの件について多くを語らなかったが、「何かを残して帰りたかったので辛《しん》辣《らつ》な言葉になってしまった、G1クライマックスの直後で自分が殺気だっていたのもあった」と言った。なんとなくもやもやとしたものは残っていたが、これ以上どうにもならないだろうと私自身思っていた。

しかしその年の11月、棚橋弘至とHARASHIMAは再びリング上で向かいあったのである。DDTの中にあるユニット、#大家帝国《おおかていこく》の自主興行、という形だったが、棚橋は新日本プロレス若手の小松洋平《こまつようへい》、HARASHIMAは#大家帝国のリーダーである、ガンバレ☆プロレスの大家健《おおかけん》をそれぞれパートナーに引き連れてのタッグマッチだった。

DDTの、そしてHARASHIMAのファンでほとんど埋め尽くされた後楽園で、耳をつんざくほどの大ブーイングの中、棚橋は登場し、新日本プロレスの矜持《きょうじ》を全身にまとってHARASHIMAと大家の前に立ちはだかった。試合はHARASHIMAが小松から勝利して終わったのだが、そもそも二度と対戦することはないだろうと思われた棚橋とHARASHIMAが向かい合っただけでも大きな衝撃だったのが、さらなる驚天動地の出来事が試合後に待っていたのである。

いま、地上波でよく見かけるプロレスラーのひとりに、スーパー・ササダンゴ・マシンというマスクマンがいる。彼はもともとマッスル坂井というDDT所属のプロレスラーだった。2000年代半ばに「マッスル」という、演劇的手法を取り入れた実験的なプロレス興行で一世を風靡《ふうび》し、その後家庭の事情で一度引退していたのが、ひっそりとマスクマンとして復帰した。そして試合前に会場のビジョンで映す「煽りパワーポイント」、つまり普通ならば対戦相手との因縁やこの試合の意味を「煽《あお》りVTR」と呼ばれる映像でわかりやすく観客に説明するところを、パワーポイントを使ってプレゼンテーションをするという形でやったのが大当たりし、今やテレビ番組や企業にも引っ張りだこの存在である。

棚橋がHARASHIMAと再戦するためにこの#大家帝国の興行をセッティングしたのはDDTと、このスーパー・ササダンゴ・マシンだった。そして棚橋は試合後、花道を帰る途中でくるりと踵《きびす》を返して「よし！」と自分に気合いを入れ、DDTの本部席でおもむろにマイクを取って「試合が終わった直後ですが、プレゼンテーションを始めたいと思います」と言ったのである。

棚橋が花道で振り返って覚悟を決めたその表情、そしてDDTの本部席への階段を昇り始めた時、マッスル坂井（この日はササダンゴ・マシンではなく素顔のマッスル坂井として興行に関わっていた）を呼び出してプレゼンのセッティングを指示した時の震えをいまも私ははっきりと思い出すことができる。

満場の後楽園が「まさか?」のクエスチョンマークで溢《あふ》れていた。そしてそのまさかは現実のものとなった。新日本プロレスの棚橋弘至が、完全にプロレスのジャンルでいうならインディーの、相手の流儀に則ってプレゼンをやるというのであった。

■戦いの先に理解があるならば

棚橋は「プロレス界をもっと盛り上げる方法」というタイトルで、試合直後の息切れした状態のまま、慣れない（当たり前だ）プレゼンを行った。その中で棚橋は夏の両国で怒ったのはHARASHIMAに対してではなく、対抗戦を盛り上げきれなかった自分に対してだったと説明し、「HARASHIMAさん、ごめん」と謝った。そして自分はこれからもっともっとプロレスを盛り上げる、と満場のファンにプレゼンテーションという形で宣言したのだった。

棚橋は「僕にはスタイルはない」と言った。「相手がワルツを踊れば私もワルツを踊り、ジルバを踊ればジルバを踊る」と言ったのは往年のアメリカの名レスラー、ニック・ボックウィンクルだったが、棚橋はこの日、ジルバどころかプロレスをしに行ってプレゼンまでやってのけ、そこにいた誰もを幸せにして去っていった。入場時には大ブーイングで迎えられた棚橋が、退場時には万雷の感謝の拍手で送られたことは言うまでもない。それはプロレスの素晴らしさが全て詰まっている試合だった。

棚橋はＤＤＴとＨＡＲＡＳＨＩＭＡにとって戦うべき相手、倒さなければいけない巨大な敵として立ちはだかった。そこには怒りと、誇りと、悔しさと、熱情と、その全てを超えた先に理解があった。この日の棚橋にはどんな感謝の言葉を集めてもまだ足りない気がしたし、世界の全てがこんなふうに、戦いの先に理解があるならば、争いごとはなくなるだろう。そう思えるほどの気高さだった。

柴田に怒ったのもＨＡＲＡＳＨＩＭＡに怒ったのも棚橋の本心だろうが、彼は自分の影響力に無頓着なプロレスラーではない。自分が怒ることで巻き起こる波紋も充分認識していたし、彼ほどの立場の人がごめんと謝ることの重大な意味もよくわかっている。認識した上で怒り、そしてそれを誰もが納得する形で収めてみせた。棚橋が怒ったことで柴田の純粋さは引き立ち、棚橋が怒ったことでＤＤＴとそのファンは結束した。それが、この国のプロレス界の、エースの役割だった。

かつて棚橋弘至はまだ新日本が苦境の時代に、「僕はもしも自分の時代に盛り返せなかったら、次の世代の礎になる覚悟はあります。それが御輿《みこし》に担がれる者の義務だと思うんです」と発言している。それは半分当たっていて、半分は当たらなかった。つまり棚橋は自分の時代にプロレスを再興させ、さらにオカダ・カズチカというスーパースターの礎になった。

「いま思えばあの言葉は自分の世代で盛り上げられなかった時の言い訳だった」と棚橋は振り返る。

■「ひと仕事やり終えた男」ではなく

プロレス界の救世主として、棚橋弘至の名を冠した著作や写真集、インタビュー記事が数限りなく発売された。メディアの露出も段違いで増え、プロレス会場にファンは溢れている。椅子の数がめっきりと減った体育館の片隅で試合前にトレーニングをしながら、「絶対この会場の隅までぎっちぎちにお客さんを入れてやる」と誓った棚橋の宣言通りに、プロレス界は盛り返した。

かつて棚橋がたったひとりで行っていた地方大会の前のプロモーション活動も、棚橋に続くレスラーたちが今は分担して行うようになっている。試合後にお世話になった人たちやファンとの打ち上げに出かけるのも変わらずに棚橋が続けていることで、「前は20人くらいだったので全員と話ができたんですけれど、今は100人単位なので物理的に廻りきれなくなってしまって」と棚橋は苦笑する。

「本も出させていただいて雑誌の表紙もあって、棚橋時代の評価に繋がってめちゃくちゃ感謝してるんですけれど、なんか感覚として、一仕事やり終えた男。ご苦労様ってなってないかなって。産卵を終えたサケみたいな存在になってるんじゃないかっていう危惧はあるんです。産卵を終えて後は激流に流されるだけみたいな（笑）。そうじゃないんだよっていうのをまたちょっとアピールしていかないとなって。ご苦労さん的なのちょっとあるじゃないですか。タナハシよくやってくれた、でももういいよみたいな。いやまだまだ頑張るからっていうね。そこにどうシフトチェンジしていくかっていうのがこれからの課題ですね」

■太陽と月

そう笑っていた棚橋にとって、2016年1月、否《いや》が応《おう》でもシフトチェンジせざるをえない出来事が起きた。棚橋にとってかけがえのないライバルであり、共に苦しい時代の新日本プロレスを支えた中邑真輔の退団である。

ある時は若手期待のホープとしてタッグを組み、ある時からはずっと戦うべき相手として対角線に立ち続けた中邑は、後輩でありながら棚橋にとって尊敬すべきプロレスラーだった。あんなに自信たっぷりに見える棚橋だが、子供の頃からずっと自分に自信が持てないタイプだったという。「僕には中邑真輔みたいな身長やしなやかさはないですし、オカダの運動神経も羨《うらや》ましいですよ」と隠すことなく棚橋は語る。また自分にない中邑のアーティスティックな一面やサブカルチャーへの造詣の深さも棚橋にとって一目置くところであった。

棚橋の得意技のひとつに、「スリングブレイド」という技がある。ロープに走り込んでからの反動を使い、相手の首をリングに叩きつける技なのだが、その新技の名前を付けたのは当時まだタッグを組んでいた中邑真輔だった。「なんだかわからないけれどかっこいいじゃん！」と思って由来も聞かずに棚橋はそのネーミングを採用したが、後からそれがアメリカ映画のタイトルで、しかも主人公が刃物で殺人事件を起こす内容だと知って愕然《がくぜん》としたという。棚橋は若手時代に交際相手に背中を刺されて重傷を負うという大事件に見舞われたことがあったからだ。「中邑らしいなと思いましたよ」と苦笑するが、今もってスリングブレイドは棚橋にとって大切な技のひとつである。

棚橋が矢面に立って新日本プロレスを、そしてプロレスそのものを背負い続けたから中邑真輔は自由な表現を確立することができた。棚橋が太陽として明るく照らし続けたからプロレス界には豊かな土壌があり、そして反面、中邑は月として怪しく艶やかに光を放ち続けることができた。棚橋がそこにいたから、そしてオカダ・カズチカがメインイベンターとして堂々と独り立ちしたから、中邑は後ろ髪を引かれることなくアメリカで新しい挑戦をする決意をできたのである。

中邑の決断に対して棚橋はこう言った。

「僕は『長男坊』ですから。（２００５年に）柴田が出て、戻ってきて、今度は中邑が出て行く。『実家』を守るのは僕。次男、三男はしっかり暴れ回って、名前を売ってこい！」

（『東京スポーツ』２０１６年1月22日付）

中邑は退団発表会見の時に記者から「ライバルだった棚橋選手に何かひと言」と言われ、「直接言います」と微笑んだ。そして中邑の新日本所属最後の試合となった２０１６年1月30日後楽園のリング上で、２人は６人タッグのさなかで向かい合い、棚橋が何かを中邑に語りかけ、張り手を見舞った。それはまぎれもなく旅立つ友への激励であり、壮行の張り手だった。

■そこに棚橋がいたから

プロレスはよく旅にたとえられる。自分のコスチュームとリングシューズだけを持って世界中を飛び回り、出会った相手と試合をする。同じ相手であっても同じ試合はひとつとしてなく、出会いと別れは一期一会だ。そして中邑真輔の今回の旅はこれまでより少し遠くて、そして少し長い旅になる。でも、彼がいつか日本に帰って来た時に恐らく変わらずに、棚橋弘至はそこにいるだろう。

飯伏幸太は棚橋弘至のことを「神」だと言い、大日本プロレスの登坂栄児も地方の営業で聞いた棚橋のことを本当に凄い人だと思ったと話してくれた。この国のプロレスにはいろいろなスタイルがあり、いろいろな考え方の選手がいて、そしてお互いに出会うこともあれば全く出会わないこともあるけれど、それでもみな一様に棚橋弘至のことは尊敬している。私も含め、いま自分がプロレスに関わり続けることができるのは、そこに棚橋弘至がいてくれたからだと感謝している。

棚橋弘至のキャッチフレーズは「100年に1人の逸材」である。誰が付けたわけでもなく自分自身で言い始め、はじめは全く浸透しなかったしファンからも苦笑混じりで受け止められていたが、彼が諦めずに言い続けたことで浸透した。そもそも新日本プロレスの入門テストも2度落ち、3度目でようやく入門したことからもわかるように、プロレスを諦めず、自分自身を諦めず、丁寧にプロレスを広める旅を続けてきた結果が今日に繋がっている。

恐らくこれから先も棚橋弘至は明るくこの国のプロレスを照らし続けてくれることだろう。棚橋がいる限り、誰かが遠くに旅立って行ったり、その羽根をしばし休めていたとしても、きっと大丈夫だと信じることができる。プロレスは紡がれていくもので、いつかは棚橋もその役目を後進に譲る時が来るのかもしれない。でも、それはもう少し先のことになりそうだ。棚橋弘至という太陽が降り注ぐプロレスの土壌から、明日はどんな新しい才能が芽吹くだろうか。

コラム2　寂しがり屋の「破壊王」橋本真也さんの思い出

ＺＥＲＯ－ＯＮＥ

初めて会ったプロレスラーは、橋本真也《はしもとしんや》だった。１９９６年、サムライＴＶがまだ正式に開局する前の試験放送の時のことで、番組にとって記念すべき初ゲストが当時新日本プロレスのＩＷＧＰチャンピオンだった橋本だったのである。既に日本を代表するプロレスラーだったにもかかわらず、私のあきらかに台本通りの質問にも優しく丁寧に答えてくれ、かと思えば、生放送が終わった瞬間に「終わった？　じゃあうん○」と小学生のようなことを言い、テレビ局用の宣伝写真では私を軽々と片手で持ち上げて皿回しのように頭上でくるくると廻した。

大きくて、豪快で、なるほど、プロレスラーというのはこういう人のことを言うのか。ひよこのように、初めて間近で見たプロレスラーの象徴として、橋本真也のことは私の心に刻まれた。彼は「破壊王」という愛称で知られるが、まさにその名の通り生きた人だった。

その後不本意な形で新日本を追われ、2001年にZERO-ONEという新団体を立ち上げてから、サムライTVがZERO-ONEを集中的に放送したこともあって頻繁にご一緒させていただくようになった。天衣無縫、豪放磊落《ごうほうらいらく》という言葉を地でいくような人であったことは間違いないが、新日本プロレスという巨大なバックボーンから離れた橋本はそれまでやらなかったような細々とした仕事まで自分でしなければならない場面もままあった。移動中の車内で電話をかけ、椅子とバスの手配を橋本自らがしていたことに驚いて「橋本さん、そんなこともなさるんですね」と言ったら、「今はそうなんや」と恥ずかしそうに口ごもっていたこともある。

ゴージャス&キングサイズ

とにかく誰もが口を揃えて言うのは「子供がそのまま大人になってしまった人」で、自分の欲望であったり願望であったり、そういったことを隠さない人だった。団体が非常に上向きな時には私もずいぶん楽しい思いをさせてもらった。地方大会でお腹いっぱいご馳走してもらい、その後カラオケに行って橋本が熱唱する「勝手にしやがれ」を聴いたことは今でも最高に楽しい思い出だ。どこから借りてきたのか狭い部屋の中でちゃんと帽子も投げていた。ジュリーが好きで、ハードボイルド小説が好きで、綺麗な女性が大好きな人だった。

ゴージャスな女性が好きだったことを公言していて、どこから貰ってきたのか当時デジタルカメラの広告をしていた藤原紀香さんの等身大パネルを事務所の社長室に飾っていたこともある。サムライTVで放送していたZERO-ONEのバラエティ番組の中で「真也の部屋」というトークコーナーのホストを務め、その初回ゲストが小池栄子さん、次の回がMEGUMIさんという非常にわかりやすい人選だったのだが、どうしたわけか（恐らくブッキングが間に合わなかったのだろう）3回目のゲストが私だった。さすがに恐縮して番組の中で私が「ここまでこんなにゴージャスだったのに3回目が私で本当にごめんなさい」と言ったら、橋本はこう言ったのだ。

「いやいや、毎日フランス料理ばかり食べてたら飽きるやろ。たまには切り干し大根みたいなものも食べたくなるんよ」

切り干し大根！　そのたとえは確かに面白かったが、まだ若かった私はさすがに少し面喰らい、それを見て橋本は本当に悪いことをしたと思ったらしく、その後会うたびに何度も謝られたものだ。「ごめんな、ミタちゃん違うんだよ、家庭的とかそういう意味で言ったんよ」と。

ZERO-ONEの仕事が忙しくなったのか、橋本が道場近くのホテル住まいになっていた時期があった。寂しがり屋の破壊王から電話がかかってきたので、恐らく不自由しているのだろうと思い「何か美味しいものでも差し入れしましょうか」と言ったら、「あのな、ミタちゃん、悪いけどパンツを買ってきてくれんか」と言う。驚いて聞いてみれば橋本はカルバンクラインの黒のボクサーパンツの3Lしか穿かないらしく、しかもそれは新宿伊勢丹のメンズ館の、キングサイズ売り場にしかないというのだ。私は生まれて初めてキングサイズ売り場に行き、売り場の親切なお姉さんと一緒にカルバンクラインのボクサーパンツを何タイプも広げ（微妙にデザインの違うものがいくつもあったので売り場の人が広げてどれが一番キツいか、どれが一番ゆったりしているか見せてくれた）、それを10枚買っていった。この不思議なおつかいは何度か続いたが、私はこの先もう2度と伊勢丹のキングサイズ売り場に行くことはない。

息子・橋本大地

試合で怪我をし、その怪我が癒えぬまま強行出場してまた別の箇所を壊し、そういった悪循環の中で団体内部とも軋轢《あつれき》が生まれ、橋本は結局自分で立ち上げたＺＥＲＯ－ＯＮＥをあとにする。怪我を完全に治して復帰する、そう宣言してリングから離れていたある暑い夏の朝だった。立て続けに電話が鳴り、その何本目かを寝ぼけ眼で取った私に、ある関係者が震える声でこう告げた。

「ミタちゃん、橋本さん死んじゃったよ」

２００５年７月11日。脳幹出血により橋本真也死去。ちょうど一週間前に40歳になったばかりだった。

それから６年が経った２０１１年３月、懐かしい橋本真也のテーマ曲、「爆勝宣言」が両国国技館に響き渡り、ひとりのプロレスラーがデビューした。橋本大地《だいち》、亡き橋本真也の愛息である。大地は偉大なプロレスラーである父が突然この世からいなくなった時、まだわずか13歳であった。子供の頃からはっきりとプロレスラーを意識していたわけではなかった、という大地だが、父の棺が火葬炉に入れられ、その重い扉が音を立てて閉まった瞬間に、

「あ、俺プロレスラーになるんだ」

と決意したという。それから中学、高校に通いながら父の設立したZERO1（橋本真也と袂を分かった後に表記を変更）で練習生として鍛えられ、この日、父の新日本プロレス時代の同期である蝶野正洋相手にプロレスラーとしての第一歩を踏み出した。183センチ、135キロの巨体を活かしたパワフルかつスピーディな攻撃が持ち味だった父と比べるといかにもまだ線が細いが、その打撃センスと負けず嫌いなところ、何よりその歯を食いしばって立ち上がってくる時の面差しが父にそっくりで、私たちはみな涙した。

大地はその後ZERO1からアントニオ猪木が創設したIGF（イノキ・ゲノム・フェデレーション）に戦いの場を移し、そして2016年からは大日本プロレスの所属になった。公私ともに仲が良く、「チーム大和」というタッグチームとしても活躍している大日本プロレスの橋本和樹の存在も大きかったと思うが、大日本プロレスのメンバーと一緒に設営をしたりデスマッチの準備をしたりしている大地はとても楽しそうである。そして何より、大地は驚くほどに人なつこく、私の顔を見ると飛んできて抱え上げたり振り回したりする。いったい、誰に似たのだろうか？

破壊王に私はプロレスラーの豪快さと、繊細さを教えてもらった。一流のプロレスラーがどれだけ格好良くて、どれだけ孤独かを教えてもらった。突然の死から10年以上が経ってても命日が近くなるとみなで橋本の豪快なエピソード（セミが苦手な若手レスラーの部屋に大量のセミを放つ、嵐の後の多摩川で投網《とあみ》をする、道場で出汁からラーメンを作ったり、水を取り寄せて豆腐を作るなど）を披露しあい、懐かしむ。そして何より、橋本大地というプロレスラーの成長をこれからも見守り続けるという楽しみがある。

何より寂しがり屋で忘れられるのが嫌いな破壊王のことだから、少しでもこういった機会に橋本真也という素晴らしいプロレスラーがいたことを、書き記しておきたいと思った。「ミタちゃん、俺のこと書いてくれたのか。ありがとうね」と破壊王が言ってくれる気がする。

著者を軽々と掲げる橋本真也

橋本真也●１９６５年７月３日岐阜県生まれ。１９８４年に新日本プロレスに入門、同期の武藤敬司、蝶野正洋と共に「闘魂三銃士」と呼ばれた。90年代半ばはＩＷＧＰヘビー級の象徴として新日本に君臨するも小川直也との抗争の後に新日本プロレスを解雇され、２００１年にプロレスリングＺＥＲＯ－ＯＮＥを設立。２００５年７月11日、脳幹出血により急逝。享年40。

おわりに――震災とプロレス

プロレスの力が試される時

２０１１年3月11日に発生した東日本大震災では、プロレスもその力を試されることとなった。

震災直後は東北はもちろん、関東地方の興行も、会場の安全確認が取れない、電力供給の不安などの理由で興行の中止が相次いだ。しかし震災２日後に予定されていた13日の浜松大会の開催を、新日本プロレスはいち早く発表する。棚橋弘至は当時についてこう振り返っている。

「すぐに興行を再開させなきゃと思いました。やらなきゃいけない、止まっちゃいけないって、すぐに。日本全体をひとつの身体だと思った時に、ケガしていない箇所が頑張らないと身体は良くならない。俺たちがやらないと日本がダメだ、と瞬時に思いましたね。止まらずに進み続けることが結果的に被災地のためになると」

しかし悩むレスラーもいた。当時プロレスリングＮＯＡＨでＧＨＣヘビー級のチャンピオンだった杉浦貴《すぎうらたかし》は元自衛隊員だった。かつての仲間たちは身を挺して被災地の救援に励んでいる。勇気とか元気よりも先に、いま何よりも必要なのは物資だ。プロレスで勇気を、というのはレスラーの自己満足なんじゃないだろうか。悩む杉浦に、挑戦者として立ちはだかった鈴木《すずき》みのるはこう言い放った。

「被災地で必要なのが水や食料だってことはみんなわかってるんだよ。でも（前年度プロレス大賞）MVPのお前がプロレスの力を信じないでどうするんだよ」

私も当時、レギュラーで担当していたプロレスニュース番組の中で興行の中止や延期の情報を読みながら、果たして自分は何をやっているのだろうと思っていた。何かを報じるという仕事の一端にいながらも、被災地に行く勇気も手段も持ち得なかった。しかしそんな中で「地震と津波のニュースばかりの地上波が辛くてサムライTVにチャンネルを変えたら、いつも通りプロレスやってて安心しました」と視聴者から言われ、その言葉が本当に心の支えになったことを覚えている。

1995年の阪神・淡路大震災の後も、そのわずか2日後に大阪で全日本プロレスは興行を行い、メインイベントで川田利明vs小橋健太の60分フルタイムドローという大激戦を見せた。アメリカでは2001年9月11日の同時多発テロのやはり2日後、世界最大のプロレス団体であるWWF（現在のWWE）がいつも通りの興行を行った。そして言うまでもなく第二次世界大戦の敗戦後に、街頭テレビで日本人を熱狂させたのは力道山のプロレスだった。

いくら倒されても、自分が立ち上がる限りプロレスは続く。プロレスでのどの渇きや空腹は癒せないけれど、あきらめなければ戦いは続く、その姿勢を見せることができるプロレスは、恐らく傷ついた人たちを勇気づけることができるはずだった。

それぞれに、できること

プロレスラーたちは他のエンターテイメントに関わる人たちと同様に、悩み、考え、そしてそれぞれに立ち上がった。多くのレスラーが「僕たちはプロレスしかできないけれど」と言ったけれど、そんなことは全然なかった。力持ちのレスラーたちは被災地に行ってがれきの撤去を手伝ったし、美味しいちゃんこを作ることができた。また仮設住宅で元気いっぱいの子供たちと取っ組み合って、彼らの全力を受け止めて遊んであげることができた。

大きな団体は大きな団体にできること、小さな団体は小さな団体にできることがあった。新日本プロレスと全日本プロレスとプロレスリングNOAHのメジャー3団体はその年の夏に3団体共催で「ALL TOGETHER」というオールスターチャリティー興行を行い、58

00万円を超える収益を義援金として寄付している。

一方、女子団体のアイスリボンは「被災地キャラバン」と称して、7月4日から3日間にわたって陸前高田～大船渡～気仙沼～石巻を廻った。先述したようにアイスリボンという団体は元々はリングがなくて、マットだけを敷いてプロレスをやっていた団体である。その彼女たちの知恵と機動力がいかんなく発揮されたのがこの被災地キャラバンで、マットだけを持って被災地の幼稚園や避難所を廻って子供たちやお年寄りを楽しませた。宮城県利府町出身の藤本《ふじもと》つかさは当時団体のチャンピオンで、彼女がベルトを巻いて故郷に立つことを強く望み、自ら行政にかけあったり会場を手配したりして実現したのがこの「被災地キャラバン」だった。まだがれきの山が残るふるさとに、ベルトを巻いて凱旋《がいせん》した藤本は女神のように輝かしかった。

1993年に岩手県盛岡市で旗揚げしたザ・グレート・サスケ率いるみちのくプロレスは、その名の通り東北地方で主に興行を行っている日本初のローカルプロレス団体である。震災当時、みちのくプロレスは毎年恒例の3月の「九州出稼ぎシリーズ」を控えていた。選手、スタッフに被害はなかったものの、大変な目に遭っている東北をこの時期に離れていいのか彼らは悩み考えた末に、「東北の思いを九州のファンに伝え、そして試合と同時に募金活動を行ってそれを東北に帰って役立てたい。それこそが自分たちにできる復興支援だ」という結論に達した。

　1年に1度のみちのくプロレスを、九州のファンは心待ちにしていた。東北から陸路48時間かけてたどり着いた九州で、みちのくは普段通りの、楽しく激しい試合をファンに見せた。団体の顔であるザ・グレート・サスケは、いつも「皆さんがひとりでもいる限り、みちのくプロレスは永遠に不滅だ！」と決め台詞を叫ぶ。このツアーでマスクに「がんばろう東北」の文字を入れたサスケは、九州の各地で詰めかけたファンに感謝の言葉を述べた後で、こう叫んだ。「皆さんがひとりでもいる限り、みちのくプロレス、みちのく、東北は永遠に不滅だ！」

プロレスで感情を爆発させる

　ＮＯＡＨの杉浦貴を「お前がプロレスの力を信じなくてどうするんだ」と叱咤激励した鈴木みのるは、８月に気仙沼でチャリティー興行を行う。その志に賛同してくれるレスラーを集め、スタッフを集め、ミュージシャンや炊き出しをするラーメン屋さんまで連れて、マスコミには告知もせずにただ気仙沼の人たちに楽しんでもらうために試合をした。そこにレフエリーとして参加した和田京平から聞いた話が強く印象に残っている。

「鈴木みのるの気仙沼の興行にランジェリー武藤《むとう》が参戦してたんだよね。そこに、津波で家族を亡くして以来ずっと笑っていなかったっていう方がいたんだよ。その人がランジェリー武藤の試合を見て笑ってさ。周りの人たちが『何々さんが笑った！』って喜んでたんだよ。俺はそれを見てプロレス凄いなと思ったんだよね」

ランジェリー武藤とは、澤宗紀《さわむねのり》というインディペンデントで活躍したレスラーのもうひとつの顔だった。日本最高峰のプロレスラーである武藤敬司の物まねをするコミックレスラーなのだが、武藤敬司に似せてスキンヘッドのかつらにちょびヒゲを付け、武藤と同様に（というかそれ以上に）膝が非常に悪く、なぜかコスチュームが女性ものの下着という風体である。フリフリのブラジャーを付けてリング内を躍動したかと思えば、急に膝が痛くなってうずくまったりする。その誇張された動きと見た目はどこに出ても確かに面白かったが、そんなランジェリー武藤の試合を見て、大切なものをなくし傷ついた人が笑ってくれた。

プロレスの試合を見て大きな声を出す。悪役にやられてもやられても立ち上がるレスラーを声の限りに応援する。コミカルなレスラーに、笑い転げる。娯楽が限られ、不自由な生活を強いられ、感情を爆発させることがなかなかできなかった被災地で、プロレスにできることは、たくさんあった。

福島からやってきたゴージャス松野

福島で被災し、その後もなお福島に住み続けて地元のために自主興行を行うゴージャス松《まつ》野《の》はこう語っている。

「除染作業ももちろん大事だよ。でも時間がかかる。プロレスみたいに見てすぐ元気になるものも必要なんだよ」

ゴージャス松野とは、女優沢田亜矢子の元マネージャーであり伴侶でもあった松野行秀のことである。泥沼の離婚劇、その後のホスト修業などでワイドショーを賑わした松野は、2001年からプロレスラーとしてリングに上がるようになっていた。これまでもプロレスは相撲界を追われた力士や行き場のない、生きづらい人たちを受け止めてきた土壌があった。ゴージャス松野もまた、プロレスに救われた人だった。40歳という遅いデビュー、決して運動能力が高いわけでもなく、懸命にやりながら技はたびたび失敗してしまう。その必死さが当初はプロレスファンの笑いを誘っていた。しかし決して松野は笑わせようとしているわけではなくて、いつも真剣だったし、ファンにも松野がいかにプロレスを愛しているか、そこに自分の人生を賭けているかは次第に伝わるようになっていた。プロレスデビューした後も何度か心身に不調をきたし、リングを遠ざかることもあったが、そのたびに彼は「必ず戻ってきますから」と約束し、その約束を守った。

震災から2週間後にDDTが初めて後楽園大会を行った時、その大会のエンディングで高木三四郎が「僕たちはプロレスしかできない、わけじゃない！　さあ皆さん歌いましょう」と言った。その頃には徐々に関東地方でもプロレスの興行は再開されるようになっていたが、それぞれ時節を鑑みてなるべく電力を使わないようにしたり、避難誘導の説明を大会前に徹底したりしていた。

煽りVTRという試合前に大きなビジョンで流す映像がDDTの魅力のひとつであったが、その日は電力消費を極力抑えるためにビジョンを使わずに、選手が生身で対戦カード表を再現したり、バックステージの模様を再現したりしていた。DDTはDDTなりに、これまで培ってきたエンターテイメント性を崩さずに、不安な中で会場にやってきたプロレスファンを楽しませる術を持っていた。

そんな大会の最後に高木三四郎はみんなで歌を歌いましょうと言った。「三百六十五歩のマーチ」のイントロが流れる。選手がお手製のポンポンを持って、歌いながら行進してくる。

怪訝《けげん》な顔をしていたお客さんも立ち上がって「しあわせは　歩いてこない　だから歩いてゆくんだね」と歌い出す。そして2番が始まる頃に高木はこう叫んだ。

「2番はこの方も一緒に歌っていただきましょう！」

そこで花道からマイクを持って歌いながら現れたのがゴージャス松野だった。今でもそのシーンを思い返すと胸が熱くなる。故郷である福島に在住しながらＤＤＴに参戦していた松野だったが、震度6の地震に見舞われ、福島第1原発から40キロという住まいは不自由を強いられていた。当然東京までの鉄道網も寸断されたままで、この日は片道5時間かけてＤＤＴスタッフが車で松野を福島まで迎えに行き、そして興行後はまた5時間かけて送り届けた。

興行の後に高木は「今日一番難しかったのは、お客さんがどういうテンションで後楽園にやってきて、何を求めているのかがわからなかった。こういう状況下でどれだけくだらないことをやっていいのかと悩んだ」と言っていたが、悩みながら下した結論、知恵と勇気を振り絞って行ったこの日の大会はファンの心に深く刻まれる大会となった。

あれから5年

あれから5年が経ち、東北以外の地域で震災について語られることも少なくなってしまった。けれどももちろん、元通りの生活を取り戻すことができた人ばかりではないことは誰もが知っている。

アントニオ猪木率いるIGFは、猪木の圧倒的な知名度を活かして被災地支援活動を行った。DDTは今でも、3月のビッグマッチでは2011年の時と同じように、ビジョンを使わないで選手が対戦カードを紹介する形式を続けている。そしてあの時からずっと、後楽園ホールで興行を行う全ての団体のリングアナウンサーの脇には、震度5以上の地震が起こった時に後楽園本部と興行を続けられるか否かの連絡を取るための専用のトランシーバが置かれている。

DDTは2015年、「劇場版プロレスキャノンボール2014」という映画を制作した。これはDDTを中心とするレスラーたちが4グループに分かれて東北をめざし、その道中でそれぞれが自分の知り合いに連絡をしてプロレスの試合を行い、その試合内容と、行き先にたどり着く順位を競い合うゲームを追いかけたドキュメンタリーだった。

学生時代のプロレスサークルの先輩を呼び出して公園で試合する選手、ゴージャス松野邸に押し入ってリビングを散らかしながら戦う選手などの破茶滅茶な旅の果てに彼らが下した決断は、「この熱をこのままで終わらせたくない、だから東北で無料興行を行おう」というゴールだった。

その1ヶ月後、2014年11月19日に大船渡市で無料の「プロレスキャノンボール興行」が行われた。私も自家用車で7時間半かけてたどり着いた大船渡は、道のあちらこちらに「ここまで津波到達点」という標識があり、災害復興のためのトラックが走り、線路が流された大船渡線の敷地を「ドラゴンレール大船渡線」というバス代行システムが走っていた。町は一見、平静を取り戻していたけれど、沿岸部は草の生えた更地が広がり、かつてここには家や商店があり、人々が行き交っていたのだろうな、と思うと胸の奥が痛くなった。

この地で1150人超満員のお客さんを集めて興行は行われた。会場には恐らく復興のための作業に従事しているのだろうツナギの作業服を着た男性や、お父さんお母さんに連れられてきたジャージ姿の子供たちが飛び跳ねていた。私は売店の手伝いをさせてもらったのだが、「どちらからいらしたんですか」と尋ねると、宮城、青森といった東北各県から、そして地元大船渡や気仙沼、陸前高田、宮古、大槌といった震災当時にニュースで見聞きした地名をたくさん聞いた。

そんな興行のさなか、大船渡に先乗りして1ヶ月滞在し、仮設住宅を廻ってプロレスの興行の宣伝をし続けた大家健というレスラーはこう叫んだ。

「大船渡は元気です！」

プロレスはきっと……

レスラーはよく、「皆さんを元気づけようとしたけれど、僕らの方が皆さんから元気をもらいました」とファンへの感謝の言葉を口にする。けれどまたこの日の言葉は違う意味を持っていた。

大家健はプロレスラーとしてはかなり落ちこぼれた存在のレスラーで、何度も団体を辞め逃げ出してはまたプロレスに戻ってきていた。そのダメな中に光る個性を高木三四郎が面白がり、ＤＤＴの系列にある「ガンバレ☆プロレス」という小さな団体を任せていたのだが、そんな無名のレスラーである大家が何の縁もない大船渡にひとりぼっちで一ヶ月留まり、地元の人たちに優しくしてもらい、中学生とプロレスについて語り合い、この興行をアピールし続けた。そんな大家だからこそ、この「大船渡は元気です」は胸に染みた。

これからもまだ、東北の人たちが日常を取り戻す戦いは続くだろう。あの日あの大船渡で出会った人たちも、プロレス会場を出たらまた厳しい生活が待っていたかもしれない。でも、ゴージャス松野が言うとおり、復興には時間がかかるし、「プロレスみたいに見てすぐ元気になれるものが必要」なのであれば、そのお手伝いをプロレスができたことは嬉しいことだ。

プロレスだけが何かを為し得たわけじゃない。でも、どこかの誰かのほんの一瞬を、プロレスは温めることができた。それは3・11以降、レスラーひとりひとりがみな悩み決断し行動した結果だった。何かを失ったり困難な生活を強いられている人たちが、ほんのひとときでもプロレスで笑えたり、力が湧いたり、そういう時間があったのならば、プロレスはお役に立てたのだと思う。

どうかこれからも、プロレスが誰かの人生に寄り添えるような存在であってほしい。プロレスのことばかり考えているプロレスファンだけでなく、人生のどこかでプロレスに出会った人たちのことも、きっとプロレスは温めてくれるだろうと信じている。

2016年3月

三田佐代子

主要参考文献

中邑真輔『中邑真輔自伝 KING OF STRONG STYLE 1980―2004』イースト・プレス、２０１４年
同『中邑真輔自伝 KING OF STRONG STYLE 2005―2014』イースト・プレス、２０１４年
高木三四郎『俺たち文化系プロレス ＤＤＴ』太田出版、２００８年
和田京平『人生は３つ数えてちょうどいい』メディアファクトリー、２００４年
棚橋弘至『棚橋弘至はなぜ新日本プロレスを変えることができたのか』飛鳥新社、２０１４年

この他、多くの新聞、雑誌などを参考にさせていただきました。

Chuko Shinsho
La Clef
中公新書ラクレ 554

プロレスという生《い》き方《かた》

平成《へいせい》のリングの主役《しゅやく》たち

2016年 5 月10日発行

著者 三田《みた》 佐代子《さよこ》

発行者 大橋善光
発行所 中央公論新社
〒100-8152 東京都千代田区大手町1-7-1
電話 販売 03-5299-1730
編集 03-5299-1870
URL http://www.chuko.co.jp/

本文印刷 三晃印刷
カバー印刷 大熊整美堂
製本 小泉製本

Published by CHUOKORON-SHINSHA, INC.
Printed in Japan ISBN978-4-12-150554-5 C1275

中公新書ラクレ刊行のことば

世界と日本は大きな地殻変動の中で21世紀を迎えました。時代や社会はどう移り変わるのか。人はどう思索し、行動するのか。答えが容易に見つからない問いは増えるばかりです。1962年、中公新書創刊にあたって、わたしたちは「事実のみの持つ無条件の説得力を発揮させること」を自らに課しました。今わたしたちは、中公新書の新しいシリーズ「中公新書ラクレ」において、この原点を再確認するとともに、時代が直面している課題に正面から答えます。「中公新書ラクレ」は小社が19世紀、20世紀という二つの世紀をまたいで培ってきた本づくりの伝統を基盤に、多様なジャーナリズムの手法と精神を触媒にして、より逞しい知を導く「鍵《ラ・クレ》」となるべく努力します。

2001年３月